Escrever é muito perigoso

Olga Tokarczuk

Escrever é muito perigoso

Ensaios e conferências

tradução
Gabriel Borowski

todavia

Ognosia 7
Exercícios de alteridade 29
Máscaras dos animais 39
O cadinho extraordinário dos irmãos Quay,
alquimistas londrinos do cinema 59
Os trabalhos de Hermes, ou como os tradutores
salvam o mundo todos os dias 67
Dedo no sal, ou uma breve história das minhas leituras 85
Sobre o *daimonion* e outras motivações para escrever 105

Palestras de Łódź

A psicologia do narrador 135
A psicologia da criação literária do mundo:
A gênese de *Os livros de Jacob* 163
O caso de Duszejko: Personagens literários 187
O País do Entre 213

O narrador sensível
Discurso do Prêmio Nobel de Literatura 233

Sobre o livro 259

Ognosia

O viajante

Para começar, eu gostaria de evocar uma gravura bem renomada, de autoria desconhecida, publicada em 1888 pelo astrônomo francês Camille Flammarion. Ela retrata um viajante que chegou ao fim do mundo e, esticando a cabeça para além da esfera terrestre, fica admirado com a visão de um cosmos ordenado e bastante harmonioso. Desde a infância, é com enorme prazer que contemplo essa imagem maravilhosamente metafórica que sempre abre para mim novos significados e define o ser humano de forma em tudo diversa da célebre figura desenhada por Leonardo, do Homem Vitruviano, estático e triunfalista, enquanto uma medida do universo e de si mesmo.

Em Flammarion, o ser humano é apresentado em movimento, como um andarilho que segura um cajado de peregrino, vestindo um manto e um barrete. Embora não se veja seu rosto, adivinhamos que ele deve expressar encantamento, admiração, perplexidade com a harmonia e a grandeza do mundo extravisível. Do nosso ponto de vista, conseguimos enxergar apenas seu fragmento, mas o viajante deve ver muito mais. Ali, há esferas desenhadas com nitidez, corpos celestes, órbitas, nuvens e raios — dimensões do universo dificilmente exprimíveis que talvez se desenvolvam até o infinito. Um signo da inapreensibilidade são também as máquinas compostas de rodas que antigamente costumavam acompanhar os seres angelicais nas ilustrações da visão de Ezequiel. Do outro lado, atrás do viajante, fica o mundo com sua natureza, evocada aqui em forma de uma árvore enorme e uma meia dúzia de outras plantas, e com sua cultura, simbolizada pelas torres das cidades. Ele parece bastante convencional e banal, para não dizer chato. Podemos adivinhar que vemos nessa gravura o momento final de um longo caminho: o andarilho conseguiu aquilo que muitos antes dele não conseguiram: chegar ao fim do mundo. E agora?

Tenho a impressão de que essa gravura misteriosa, de origem desconhecida, constitui uma metáfora perfeita do momento em que todos nos encontramos.

O mundo é pequeno

Ao longo do último século, o mundo encolheu muito. Abrimos nele vários trilhos, apoderamo-nos das suas florestas e dos seus rios, saltamos sobre os oceanos. Muitos de nós têm uma impressão subjetiva da finitude do mundo. É provável que isso constitua um derivado da redução de distâncias, associada à globalização, e do fato de que quase todos os locais na Terra estão alcançáveis, desde que se disponha dos meios necessários. Também da sua fácil cognoscibilidade: pode-se consultar quase tudo na rede, comunicar-se rapidamente com qualquer pessoa.

Com certeza, estamos diante de uma nova experiência histórica do ser humano, e tenho certa curiosidade em saber quem foi o primeiro a ter essa sensação de que o mundo é, de fato, pequeno e contornável. Talvez tenha sido um homem de negócios da nova geração, alguém "que vende ar quente", como dizem os holandeses, um Senhor Comprar-Barato-Vender-Caro que está sempre em movimento, voando de um continente para o outro com o passaporte poderoso de um dos chamados "países bons". De manhã em Zurique, à noite em Nova York. No final de semana, dá um pulo até uma ilha tropical, onde tem sonhos oceânicos e apura seus sentidos com cocaína. Ou o contrário: alguém que nunca saiu dos limites de seu município, mas acaba de comprar para seu filho um brinquedo produzido em uma terra longínqua, feito pelas mãos de pessoas cuja existência era, até então, desconhecida para ele. O brinquedo parece, no entanto, familiar e simpático, escondendo seu caráter exótico em uma forma universal e generalizada.

Um elemento importante dessa nova experiência da pequenez do mundo é, sem dúvida, uma sensação *triste post iterum* — a tristeza depois da viagem, que nos acomete quando regressamos para casa após sensações intensas relacionadas com uma incursão para longe. Tivemos a impressão de ter chegado a algum extremo ou ter vivenciado algo que não teria estado ao nosso alcance se não tivéssemos nascido numa época em que a viagem deixou de ser apenas um privilégio ou uma fatalidade, tornando-se uma aventura. Mas quando abrimos a porta e largamos as malas no corredor, perguntamos: afinal, isso é tudo? Não tem mais nada? Foi só isso mesmo?

Já visitamos o Louvre e vimos a Mona Lisa com os próprios olhos. Escalamos as pirâmides dos maias, procurando sentir o drama da passagem do tempo que destrói implacavelmente aquilo que levou milhares de anos para surgir. Ficamos de papo para o ar nos complexos hoteleiros do Egito ou da Tunísia, alimentando-nos com uma comida étnica genérica que agrada a todos sem exceção. As estepes da Mongólia, as cidades populosas da Índia, a visão dos majestosos Himalaias...

Até a pandemia, vivemos pensando que, se não tínhamos conseguido ainda ver isso ou aquilo, uma viagem para lugares não visitados continuava sendo uma possibilidade, e os nomes desses locais constavam nos catálogos de agências de turismo como "destinos". O mundo estava ao alcance dos nossos pés, e chegar a qualquer lugar era *possível* caso dispuséssemos apenas da quantia necessária.

Esta deve ser a primeira vez na história que o ser humano vivencia a aguda finitude do mundo. No final da tarde, acompanha a vida de outras pessoas pelas telas dos seus dispositivos *smart* e observa gente que, há uns cem anos, nunca teria tido a chance de conhecer.

Espiando os outros de longe, percebe-se que o repertório dos papéis e das possibilidades também é finito e que, no fundo, todas as pessoas são parecidas — muito mais do que podiam supor nossos antepassados, que, como lembramos, se deixavam levar pela imaginação e se compraziam descrevendo povos dos antípodas que animariam tanto os aventureiros de outrora.

Hoje, graças às séries, ao cinema e às mídias sociais, todos sabem que os habitantes de terras longínquas não têm muitas cabeças, uma só perna com um pé enorme, nem a cara no peito, e embora sua cor de pele, altura ou alguns costumes sejam diferentes, essas divergências evanescem diante de um vasto leque de semelhanças. Os outros se parecem conosco na forma como funcionam suas cidades, seus países, suas línguas e culturas. Amam, têm saudade, desejam, receiam o futuro, enfrentam problemas com seus filhos. É nessa semelhança fundamental que se baseia o enorme sucesso de uma nova invenção: as plataformas de streaming.

O viajante vê que, no fundo, todo lugar é bastante parecido: existem hotéis, come-se em pratos, lava-se com água, e para amigos se compram lembranças de viagem e presentes que, embora sejam imitações da arte local, têm em comum o fato de que a maioria foi produzida na China.

Sabe-se também que o que nos separa de quase todos os habitantes da Terra são, no máximo, seis pessoas (eu conheço alguém que conhece alguém que conhece alguém que conhece o fulano, e assim por diante), e dos tempos de Cristo — só umas setenta gerações.

Antigamente, o mundo era enorme e não era possível abrangê-lo totalmente com a imaginação. Hoje, a imaginação tornou-se dispensável porque tudo está ao alcance da nossa mão pelo smartphone. Outrora, nos mapas-múndi cuidadosamente elaborados permaneciam espaços em branco que incitavam devaneios e alertavam a húbris humana. Preparando-se para suas viagens, os aventureiros contemplavam a possibilidade de não regressar. A partida, antecedida pela elaboração de um testamento, constituía um evento-limite, era o começo de um processo de iniciação, um processo de transformação, cujo resultado não podia ser conhecido nem compreendido.

Paradoxalmente, vivíamos em um mundo aberto à imaginação, um mundo com fronteiras mal esboçadas, com uma larga parte desconhecida. Aquele mundo exigia novas narrativas e novas formas, e sempre resplandecia perante nossos olhos, sempre surgia à nossa frente.

Hoje, o mundo cabe em nosso calendário e relógio. Temos capacidade de *imaginá-lo* porque ele cabe na nossa cabeça. Em 72 horas podemos chegar a qualquer lugar que desejarmos (com pequenas exceções desinteressantes). Nos mapas, os espaços em branco foram preenchidos e selados pelos Google Maps, que mostram cada canto com cruel exatidão. Para além disso, em todos os lugares há mais ou menos os mesmos objetos, artefatos, modos de pensar, dinheiro, marcas, logotipos. O exotismo ou a peculiaridade são bens escassos que vão desaparecendo da vida cotidiana, transformando-se em dispositivos. Como em uma cidade turística à beira do mar Báltico, para onde foi transferido, da Tailândia, um restaurante tailandês inteiro, ou nas planícies da Europa Central, onde foi criado um gigantesco complexo que imitava os trópicos.

Com um dispositivo que cabe na palma da mão ou no colo, pode-se a qualquer momento conversar com a família que está a milhares de quilômetros de distância, em uma outra zona climática, onde se vive em outra parte do dia, ou até em uma estação do ano diferente. Um turista que percorre o Tibete se conecta em poucos segundos com sua casa num pequeno município na Polônia. As pessoas que antigamente não teriam nenhuma chance de se conhecer, hoje têm contato através da mídia.

Como já se disse, para os nossos cinco sentidos o mundo se tornou pequeno. Por outro lado, a visão do globo terrestre, em uma foto tirada no espaço por um ser humano, é comovente, de tirar o fôlego. Uma pequena bolinha azul-verde suspensa no vazio. Pela primeira vez na história, percebemos o nosso lugar, em escala planetária, como finito e limitado, frágil e vulnerável à destruição.

Junto com isso, vem a sensação da superlotação, do espaço limitado, do acanhamento, da constante presença dos outros — a sensação da finitude do mundo vivenciado se torna então *claustrofóbica*. Não estranha, portanto, que estejam retornando cada vez mais os sonhos com viagens cósmicas, com abandonar a casa antiga que se revelou demasiadamente conhecida, apertada e cheia de quinquilharias que restringem a liberdade.

Essa sensação de encolhimento e finitude do mundo vem sendo intensificada ainda pela conexão às redes e pela vigilância total. Sim, já vivemos em um panóptico e somos constantemente vistos, observados e analisados.

A sensação de finitude banaliza tudo, porque apenas aquilo que não se sujeita ao nosso conhecimento é capaz de suscitar entusiasmo e manter o caráter maravilhoso do mistério.

Sesamicidade

Muitas vezes, porém, tratamos a infinitude como caos, já que ela não nos oferece um quadro de referência para compreendê--la, uma estrutura. Não há mapas da infinitude. Ela nega também o ser humano como sua medida.

Se alguém quiser comungar novamente com a infinitude, basta se conectar à rede. Nela, a sensação aguda de *excesso de mundo* nos educa quanto a certa resignação cautelosa: vou apenas seguir meu caminho, aprendendo a ignorar as curiosidades que acenam para mim, como Ló que foge de Sodoma em chamas e tem a força de vontade para não olhar para trás, ao contrário de sua mulher curiosa.

Vamos chamar de Síndrome da Mulher de Ló essa nossa imobilidade frente às telas, que já se pode comparar com a catatonia. Ela afeta milhões de jovens e *incels* que, sobretudo durante a pandemia, se voltaram para as cidades em chamas, apesar dos avisos, e já não conseguem desviar o olhar.

Surfando atrás de alguma informação, muitas vezes tive a impressão de atravessar um enorme oceano de dados que estão, ainda por cima, constantemente se autocriando, se autocomentando. De fato, o primeiro a usar o verbo "surfar" para descrever essa atividade foi um gênio. A imagem de um homem solitário que procura, sobre sua pequena prancha, deslizar na crista de uma onda no meio de um oceano tumultuoso é muito acertada. O surfista é levado pela força da natureza e tem influência limitada sobre sua trajetória — ele depende da energia e do movimento da onda. Vale a pena reparar que essa sensação de não ser mais que o objeto de um movimento que, em si, é independente de nós, ou seja, estar de certa forma conduzido, entregue a uma força marcada pela misteriosa inércia, resgata do esquecimento o velho conceito de *fatum* que entendemos hoje de forma diferente, como uma rede de dependência dos outros, um processo hereditário de sucessão dos padrões de comportamento não apenas no sentido biológico mas também cultural, o que resulta em uma discussão animada, e, pelo visto, em vias de desenvolvimento, sobre as identidades.

A infinitude invadiu o mundo do *homo consumens* quando este mundo começou a parecer um tesouro finalmente encontrado. Dissemos: "Abre-te, Sésamo!" — e aconteceu! Ele se abriu, esmagando-nos com sua abundância de serviços, mercadorias, tipos, padrões, variantes, formas, modas e tendências, subitamente a nosso dispor. Cada pessoa deve ter sentido, pelo menos uma vez, essa fabulosa fartura de oferta, bem como uma suspeita angustiante de que precisaríamos de várias vidas para poder desfrutá-la.

Também não se sabe quando nossa existência se reduziu à aquisição de novos bens e serviços que compõem uma oferta inesgotável. Em um dos contos do genial Philip K. Dick, fábricas controladas por uma inteligência enlouquecida não conseguem parar a produção e precisam criar, para uma quantidade infinita das mercadorias programadas, um comprador ideal, um superconsumidor hipnotizado por aquele universo de bens, um cliente para quem a essência da vida seja testar e se deleitar com variedades disso ou daquilo, ponderar sobre marcas de batons, bugigangas, perfumes, roupas, carros, torradeiras, enquanto programas e revistas especializadas servirem de consulta nas suas aquisições. Essa visão, tão futurista nos anos 1960, se concretizou mais rápido do que esperávamos. Hoje, é uma descrição do nosso aqui e agora.

O mesmo se aplica, aliás, ao consumo dos bens intelectuais. Os acervos das bibliotecas virtuais se tornaram infinitos. Diante da tela do computador, fica-se até com a impressão de estar movendo-se por um tesouro descoberto que já não pode ser *apreendido* — nem os autores, nem os títulos, nem as palavras-chave. A consciência de que agora mesmo, enquanto escrevo estas palavras, são produzidas centenas ou até milhares de artigos, poemas, romances, ensaios, reportagens e outros textos, causa perplexidade. A infinitude se reproduz por si mesma, prolifera, enquanto utilizamos os frágeis mecanismos das ferramentas de busca para sentir que ainda exercemos algum controle sobre ela.

A minha geração em particular não consegue lidar muito bem com isso. Crescemos em tempos de escassez e carência, e em muitos de nós ainda persiste um instinto que leva à acumulação de reservas "caso haja uma crise", "caso suba a inflação". É por isso que meu marido acumula jornais e ainda guarda recortes, e ao mesmo tempo constrói, com uma persistência digna de Noé, estantes para guardar livros impressos.

A nossa geração, como as anteriores, foi ensinada a dizer ao mundo: SIM, SIM, SIM. Repetíamos: vou experimentar isso e mais aquilo, vou lá e ali, vou viver uma coisa e outra também. Vou levar isso, então não faz mal levar mais aquilo.

Agora, surge uma nova geração que entende que a escolha mais humana e mais ética nesse novo cenário é aprender a dizer: NÃO, NÃO, NÃO. Vou parar de usar isso e aquilo. Vou limitar uma coisa e outra. Não preciso. Não quero. Abro mão…

Meu nome é milhão

Uma das descobertas mais importantes dos últimos anos — uma das que influenciaram nossa percepção da essência do ser humano — foi, com certeza, a afirmação de que o organismo humano, bem como os organismos dos animais e das plantas em geral, coopera com outros organismos para seu desenvolvimento e funcionamento, ou seja, que os organismos são conectados por uma interdependência absoluta. Os estudos na área de biologia e medicina — desde as ideias inovadoras de

Lynn Margulis, que afirma que a força motriz da evolução e da emergência das espécies foi a simbiose e a união dos organismos, até resultados de pesquisas contemporâneas — estabeleceram que somos um ente mais coletivo do que individual, mais uma república de vários organismos diversos do que um monólito, uma monarquia hierarquicamente estruturada. "Seu corpo não é só você", "O humano tem apenas 43% de células humanas" — anunciam os títulos na imprensa popular, provocando, com certeza, uma verdadeira angústia em muita gente. Não importa quantas vezes por dia você tome banho, ó humano, porque seu corpo continua coberto por populações de "vizinhos": bactérias, fungos, vírus e arqueias. A maioria se encontra nos recônditos escuros de nossas entranhas. A pandemia do coronavírus reforça esta imagem, que parece oriunda de um filme de terror: o ser humano pode ser colonizado em grande escala. Isso soa ao mesmo tempo improvável e revolucionário, dado que, até agora, a filosofia e a psicologia têm nos monadizado. O ser humano enquanto mônada, um ser singular "lançado" na existência, pairava sozinho sobre os reinos das plantas e dos animais como o "coroamento da criação". Essa imagem dominou a nossa imaginação e percepção de nós mesmos. Olhando-nos no espelho, vimos um conquistador pensante, capaz de autorreflexão, separado do mundo, muitas vezes solitário e trágico. O semblante foi de um homem branco, e por alguma razão admitimos que "o humano" é uma palavra majestosa. Hoje, eu sei que só 43% do maravilhoso *Homo sapiens* é ele mesmo. O resto são aquelas criaturinhas ridículas e insignificantes que até há pouco tempo se podia facilmente matar com antibióticos e pesticidas.

    A consciência da nossa complexidade e da nossa dependência de outros seres, ou até da nossa condição biológica enquanto multiorganismos, introduz no nosso pensamento, de modo orgânico, os conceitos de *enxame*, simbiose, cooperação.

Acho que o pecado pelo qual fomos expulsos do paraíso não foi o sexo, nem a desobediência, nem mesmo a descoberta dos segredos divinos, mas a ideia de que somos algo separado do resto do mundo, singular e monolítico. Recusamo-nos a participar das relações. Saímos do paraíso sob o olhar de um Deus igualmente separado do mundo, monolítico e monoteísta (a metáfora que se impõe é de um Deus de luvas e máscara), e começamos, desde então, a cultivar os valores deste estado: aspiração a uma integração mitológica e à totalidade, egotização, monolitismo, monismo, pensamento analítico que distingue e exclui conforme a regra "ou isto, ou aquilo" (não terás outros deuses além de mim), religião monoteísta, distinção, valorização, hierarquia, barreira, separação, divisões agudas entre preto e branco e, finalmente, narcisismo de espécie. Formamos com Deus uma sociedade limitada que monopolizou e destruiu o mundo e a nossa consciência. Consequentemente, deixamos de entender a maravilhosa complexidade do mundo.

O modo tradicional de perceber o ser humano sofre hoje uma alteração dramática, não apenas em função da crise climática, da pandemia e da descoberta dos limites do desenvolvimento econômico, mas também por causa do nosso novo reflexo no espelho. A imagem de um homem branco, conquistador, em um terno ou um capacete colonial, se dilui e desaparece, e em vez dela vemos algo parecido com os rostos pintados por Giuseppe Arcimboldo: orgânicos, extremamente complexos, incompreensíveis e híbridos; faces que sintetizam contextos, empréstimos e referências biológicas. Já não somos um bionte, mas sim um holobionte, ou seja, um grupo de vários organismos que vivem em simbiose. Justaposição, multiplicidade, diversidade, influência mútua, metassimbiose — eis as novas perspectivas que adotamos para enxergar o mundo. Observamos também outro importante aspecto do antigo sistema, que até então parecia fundamental — a divisão em dois sexos — dissolver-se diante dos nossos olhos. Hoje é cada vez mais visível que a sexualidade humana constitui uma espécie de continuum de características com intensidades variadas, e não estão em oposição polar. Cada pessoa pode encontrar para si um lugar certo e único. Que alívio!

Essa nova perspectiva, baseada na complexidade, vê o mundo não como um monólito hierarquicamente ordenado, mas antes como multiplicidade e diversidade, uma estrutura de rede, menos compacta e mais orgânica. O mais importante, no entanto, é o fato de que essa visada permite que comecemos a enxergar a nós mesmos como organismos compostos e múltiplos — essa foi a consequência da descoberta da ideia de microbioma e sua enorme e impressionante influência sobre o nosso corpo e nossa mente — sobre a totalidade do que designamos ser humano.

Creio que as consequências psicológicas desse estado das coisas se revelarão surpreendentes. Talvez voltemos a perceber a mente humana como sendo composta de várias estruturas e camadas. Talvez comecemos a tratar a identidade como um *cacho* e não tenhamos medo de considerar a personalidade múltipla como normal e natural. Na esfera social, é possível que estruturas descentralizadas, organizadas em rede, passem a ser mais valorizadas, e um Estado hierárquico, fundamentado na ideia exclusivista de nação, se torne algo inteiramente anacrônico. Talvez as religiões monoteístas — que demonstram uma enorme tendência para o fundamentalismo baseado na violência — não consigam mais satisfazer as necessidades do ser humano e se tornem mais politeístas. Afinal de contas, dizem que é o politeísmo que combina melhor com a noção de democracia.

Hoje, a construção tradicional e cuidadosa do ser humano separado do resto do mundo está desmoronando. Imagino esse processo como a queda de uma árvore gigantesca e apodrecida.

Ela não deixa de existir, mas muda sua função. Transforma-se em um espaço de vida ainda mais intensa, com germinação de outras plantas, colonização por fungos e saprófitos, e ocupação por insetos e outros animais. Aliás, a própria árvore renasce a partir de suas sementes e raízes.

Muitos mundos no mesmo lugar

Este deve ser o primeiro momento da história em que as distâncias entre gerações são tão grandes. Penso nos profundos abismos decorrentes do desenvolvimento da inteligência artificial e do aumento colossal do acesso à informação. Tudo indica que a sociedade humana se estratificou, dividindo-se em zonas geracionais com diferentes abordagens do mundo, conhecimentos, usos e características de linguagem, capacidades, mentalidades, atitudes políticas e padrões de vida. Enquanto no mundo, sempre em vias de uma intensa globalização (até a pandemia), as diferenças entre culturas e etnias iam desaparecendo e se dissolvendo de modo que tudo ficasse parecido, o abismo entre as gerações crescia. O conflito entre os velhos e os jovens está sendo verbalizado com clareza cada vez maior, o que se vê sobretudo no caso da pandemia, ainda mais demonizada pelas diferenças biológicas na resistência ao vírus. Mas divergências parecidas já apareceram, salientes, no contexto das mudanças climáticas e da necessidade de combatê-las. Também nesse caso, os jovens se insurgiram contra os velhos, acusando-os com razão de não ter visão de futuro ou recuperação. Esse abismo não se reduz, porém, a um conflito entre velhos e jovens, mas provém de uma estranha disparidade entre os grupos etários de pessoas que convivem no mesmo espaço.

Hoje, a diferença entre netos e avós é maior do que a que havia antigamente entre os habitantes de Nova York e Sandomierz.

Para comparar bisnetos com bisavós, seria necessário pensar em distâncias interplanetárias...

Cada geração tem hoje não apenas sua própria linguagem, mas até seus próprios rituais cotidianos, com padrões de consumo e estilos de vida específicos. Imaginam o futuro e contam com ele de formas diferentes, têm atitudes diversas em relação ao passado, e divergem em seu contato com o presente. Enquanto os netos se embrenham em aplicativos sempre novos, os avós assistem a seus programas preferidos na televisão. As bolhas da internet se estendem para o mundo real, o que se torna particularmente perceptível no caso dos idosos. Durante a pandemia, uma experiência incrível para mim foram os horários exclusivos para idosos, quando, entre dez e meio-dia, as pessoas acima de 65 anos saíam às ruas para fazer compras. Depois, à tarde, nas filas dos supermercados se viam apenas clientes na faixa dos trinta ou quarenta anos. Parecia o início de uma distopia sombria...

A fragmentação da população em tribos geracionais nos faz pensar em quantas realidades cabem num mesmo espaço. Embora elas se entrelacem, se sobreponham, se estimulem reciprocamente, continuam sendo separadas.

O estranho verão de 2020

As grandes mudanças costumavam vir depois de cataclismos e guerras. Dizem que os que viveram imediatamente antes da Primeira Guerra Mundial tinham a sensação de estar testemunhando o fim de uma era, de um mundo. Para muitos, a situação naquele tempo parecia insuportável, ainda que não estivessem plenamente conscientes disso. Hoje, não compreendemos aquele entusiasmo que levava às ruas multidões animadas para se despedirem de jovens embarcando para a guerra. O passo vigoroso dos soldados, acelerado ainda mais pela técnica de filmagem da época, que quase o transformava no saltitar de uma marionete, os levava a algum lugar além do horizonte, onde já os esperavam as trincheiras de Verdun e a revolução bolchevique. Tudo que regia seu mundo estava prestes a cair no abismo.

Não podemos cometer o mesmo erro.

Hoje, quando o estranho verão de 2020 está chegando ao fim, não sabemos o que acontecerá. Pelo visto, até os especialistas se calaram e não querem admitir que são como os meteorologistas hoje em dia, que devido às reviravoltas climáticas já não conseguem prever o tempo.

O mundo ao nosso redor se tornou complexo demais — e em várias dimensões ao mesmo tempo. Uma resposta espontânea, instintiva, para esse estado das coisas é a reação das pessoas apegadas à tradição e conservadoras que enxergam o aumento de complexidade como uma doença, uma verdadeira patologia. O remédio que procuram aplicar é a nostalgia, o regresso ao passado e um apego desesperado à tradição. Uma vez que o mundo se complicou demais, é preciso simplificá-lo. Se não sabemos lidar com a realidade, o problema é dela. A saudade do passado perdido atravessa nosso pensamento, a moda, a política. Nesta, surge a ideia da possibilidade de reverter o tempo e entrar novamente no mesmo rio que fluía por aqui há dezenas de anos. Acho que não caberíamos naquelas vidas. Não caberíamos no passado — nem os nossos corpos, nem a nossa mente.

E que tal dar um passo para o lado? Para além de trilhas repisadas de reflexões, divagações e discursos, além dos sistemas de bolhas que orbitam em torno do mesmo centro? Para um lugar de onde a visão é melhor e mais ampla, e se percebem os contornos do contexto mais vasto?

Quando Greta Thunberg defendeu que fechassem as minas, deixassem de viajar de avião, que se concentrassem naquilo que têm, não no que podem vir a ter, acho que ela não estava sugerindo que voltássemos a usar carroças e viver em cabanas aquecidas à lenha.

Sem dúvida, a pandemia foi um cisne negro, que — como acontece com um cisne negro — vem inesperadamente, mas modifica tudo.

O meu exemplo preferido da chegada súbita de um cisne negro são os acontecimentos do final do século XIX em Londres. Pensando no futuro, os moradores da capital britânica, tragicamente superpovoada e suja, receavam que, se o movimento na cidade continuasse a se desenvolver de modo tão rápido e incontrolável, em breve as montanhas de estrume de cavalo atingiriam o primeiro piso dos prédios. Logo foram elaboradas soluções para esse problema, patentearam-se projetos de valetas e compressores especiais, e houve quem esfregasse as mãos, contando com um enorme êxito dos negócios relacionados com o transporte do esterco para além dos limites da cidade. Foi naquele momento que surgiu o carro.

Do ponto de vista cognitivo, o cisne negro pode ser um ponto de virada, mas não por causar uma crise econômica ou fazer com que as pessoas percebam sua fragilidade ou mortalidade. De fato, as consequências da pandemia são muitas e muito diversificadas. Para mim, porém, o que parece mais importante é a quebra de uma narrativa profundamente interiorizada, de acordo com a qual controlamos o mundo e somos donos da criação.

Talvez o ser humano, enquanto espécie, precise se gabar do poder que possui graças a seu intelecto ou sua criatividade, e isso o leve a pensar que ele mesmo e os seus interesses são o que mais importa. Mas adotando uma outra perspectiva, um olhar diferente, ele pode sentir-se igualmente importante, e para isso ele é indispensável como um nó crucial da rede, um transmissor de energia, e sobretudo como alguém responsável pela totalidade dessa estrutura tão complicada. A responsabilidade é um fator que deixa presente a sensação da própria importância e não abala o constructo, elaborado com esforço ao longo dos séculos, da supremacia do *Homo sapiens*.

Creio que nossa vida não é apenas uma soma de acontecimentos, mas também uma trama intrincada dos sentidos que atribuímos aos eventos. Esses sentidos compõem um tecido maravilhoso de narrativas, conceitos e ideias, que pode ser considerado um dos elementos — como o ar, a terra, o fogo e a água — que determinam fisicamente a nossa existência, moldando-nos enquanto organismos. A narrativa é, portanto, o quinto elemento que faz com que vejamos o mundo de certa forma, compreendamos sua infinita diversidade e complexidade, ordenemos nossa experiência e a transmitamos de uma geração para a seguinte, de uma existência para outra.

Kairós

A gravura da obra de Flammarion apresenta um momento cairótico. Kairós é um daqueles deuses menores que, em comparação com os olimpianos, parecem pouco importantes e vivem em algum ponto nas periferias da mitologia. É um deus peculiar com um penteado igualmente singular. O cabelo é seu atributo: Kairós é calvo, mas tem uma franja que cai sobre o rosto e se pode puxar quando ele se aproxima — mas quando se afasta, já não é possível. É o deus da oportunidade, do momento fugaz, da incrível possibilidade que se abre por um instante só e que deve ser agarrada (pela franja!) sem hesitação, para que não fuja. Quando não se repara em Kairós, perde-se uma chance de mudança, uma *metanoia* que resulta não de um processo demorado, mas antes de um momento que se revela determinante. Na tradição grega, Kairós personifica o tempo, mas não como um fluxo poderoso, designado *chronos*, mas um tempo especial, um momento decisivo que altera tudo. Ele sempre tem a ver com uma resolução humana, e não com a sorte ou o fado enquanto circunstâncias externas. O gesto simbólico de apanhar Kairós pela mecha de cabelo na testa significa a consciência de uma mudança imediata, da alteração da trajetória do destino.

Para mim, Kairós é o deus da excentricidade, desde que por "excêntrico" se entenda aquilo que abandona um ponto de vista "cêntrico", desviando-se das trilhas repisadas de pensamento e ação, indo além dos territórios bem conhecidos e, de certa forma, reconciliados através de hábitos de pensar, rituais e mundividências estabilizadas de uma comunidade.

A excentricidade sempre foi tratada como aberrante e marginalizada, embora tudo o que revele criatividade e genialidade, fazendo o mundo avançar em uma nova direção, tenha que ser excêntrico. A excentricidade significa uma contestação espontânea e cheia de alegria daquilo que é estagnante, considerado normal e óbvio. É um desafio lançado ao conformismo e à hipocrisia, um ato cairótico e corajoso de apanhar o momento e mudar o rumo do destino.

Desconsideramos os conhecimentos gerais e perdemos o sentido da percepção totalizante. Observamos como partem os últimos eruditos, como Stanisław Lem* ou Maria Janion,** grandes excêntricos capazes de apreender afinidades entre campos de sabedoria aparentemente distantes, de esticar a cabeça para além da esfera de uma ordem reconciliada. Antes, pelo menos procurávamos abarcar o mundo na sua totalidade, construindo visões cosmogônicas e ontológicas, questionando

---

* Stanisław Lem (1921-2006) foi um dos mais importantes escritores poloneses do século XX, autor de obras traduzidas para dezenas de idiomas. Foi considerado para o Prêmio Nobel de Literatura. [N.T.]   ** Maria Janion (1926-2020) foi uma das mais importantes críticas, teóricas e historiadoras polonesas do século XX. Recebeu vários prêmios nacionais e internacionais. [N.T.]

o seu sentido. Mas em algum ponto do caminho fomos proletarizados da mesma forma como uma fábrica capitalista proletarizou os artesãos que ainda sabiam fabricar o produto inteiro, transformando-os em operários responsáveis apenas por um determinado componente e inconscientes da totalidade. O processo da autodivisão da comunidade humana em bolhas consiste em uma inimaginável e total proletarização. Fechamo-nos e aninhamo-nos em uma esfera experiencial segmentada em bolhas que nos impede o acesso às experiências e aos pensamentos dos outros. Pior ainda, preferimos viver assim, sentimo-nos bem com isso, e os outros — os verdadeiramente outros, aqueles que nós poderíamos compreender, ou talvez mesmo enxergar, só esticando a cabeça para fora — pouco nos importam.

É óbvio que uma esfera pública existe, mas antes como sucedâneo, ilusão, jogo, espetáculo com apetrechos muito gastos, apropriado pelo poder com os seus rituais. Nos centros já muito pisados, antigos lugares de troca de pensamentos, já falta o ar. A ágora se tornou um conjunto de tratores e pistas pelas quais nos movimentamos maquinalmente. As universidades perderam seu papel, tendo-se transfigurado em um pastiche grotesco de si mesmas: em vez de criar conhecimento e estabelecer plataformas para compreensão mútua, cercaram-se de muralhas e portões, restringindo o acesso à ciência e ocultando zelosamente umas das outras os resultados das suas pesquisas. Os cientistas, brigando por bolsas e pontos, tornaram-se serviçais que competem entre si.

Sem enxergar a totalidade, permanecemos dependentes dos remoinhos locais e das peças singulares de um enorme quebra-cabeça que é o mundo — tanto o que nos é dado quanto o que construímos sobre ele.

Na minha escrita sempre procurei orientar a atenção e a sensibilidade do leitor para a totalidade. Labutei para construir narradores totais e provoquei com uma forma fragmentária, sugerindo a existência de constelações que transcendem uma simples soma de componentes, criando seu próprio significado.

Acho que a literatura, enquanto processo incessante de contar histórias sobre o mundo, oferece, mais do que qualquer outra coisa, a possibilidade de apresentá-lo de uma perspectiva que inclua a totalidade das influências e relações mútuas. Entendida de forma ampla, a mais ampla possível, a literatura constitui, por natureza, uma rede que interliga e revela a enorme correspondência entre todos os participantes do ser. É um modo muito requintado e especial de comunicação inter-humana, preciso e ao mesmo tempo geral.

Ao longo deste texto, sempre me refiro à literatura, ora lembrando Kairós, ora aludindo a Flammarion e à gravura anônima que ele encontrou para ilustrar seu livro *L'Atmosphère: Météorologie populaire*. Eu sei que muitas pessoas consideram a literatura um passatempo ocioso que se reduz a "um livro para ler", ou seja, algo sem o qual é possível ter uma vida feliz e plena. Mas, na sua concepção mais ampla, a literatura é sobretudo um "abre-te, Sésamo" que descortina os pontos de vista de outras pessoas, as visões do mundo filtradas pela mente singular de cada indivíduo. É incomparável. A literatura, inclusive a mais antiga, isto é, oral, cria ideias e define perspectivas que impregnam nossa mente e a formatam, a despeito da nossa vontade. É ela que constitui a matriz dos filósofos (o que é o *Banquete* de Platão senão boa literatura?), e é um ponto de partida para o filosofar.

Seria difícil elaborar uma visão da literatura para os novos tempos, sobretudo porque as pessoas bem-informadas dizem que a última geração de leitores acaba de chegar à maioridade. Eu gostaria, porém, que déssemos a nós mesmos o direito de criar novas narrativas, novos conceitos e novas palavras. Sei, ao mesmo tempo, que neste enorme, fluido e cintilante universo que é o mundo, nada mais é novo. Essa configuração diferente dispõe as coisas em ordens desconhecidas, implica novas associações, novas noções. O termo "antropoceno" tem apenas trinta anos, mas já nos permite entender o que está acontecendo ao nosso redor e com nós mesmos. Ele é composto da justaposição de dois vocábulos gregos bem conhecidos: *ánthrōpos* (ser humano) e *kainós* (novo), o que indica o tamanho da influência humana sobre o funcionamento dos processos naturais em escala do planeta inteiro.

E que tal introduzirmos o termo "ognosia"?

Ognosia (em inglês: *ognosia*; em francês: *ognosie*) — um processo cognitivo ultrassintético, orientado narrativamente, que, refletindo objetos, situações e fenômenos, procura ordená-los em um sentido superior interdependente; cf. plenitude. Coloquial: capacidade de abordar problemas de modo sintético através da procura de uma ordem tanto em narrativas em si quanto em pormenores, pequenas partes de um todo.

A ognosia se concentra nas cadeias extracausais e extralógicas de acontecimentos, preferindo as chamadas soldaduras, pontes, refrãos, sincronias. É frequentemente sugerida a existência de uma relação entre a ognosia e o conjunto de fractais de Mandelbrot, e a teoria do caos. É vista, às vezes, como um tipo alternativo de postura religiosa, isto é, uma alter-religião que atribui a chamada força consolidadora não a um ser superior, mas antes aos seres menores, "inferiores", as chamadas partículas ontológicas.

O sintoma da deficiência ognóstica é a incapacidade de enxergar o mundo enquanto totalidade, ou seja, é a percepção de tudo isoladamente, o que leva ao distúrbio do funcionamento de conhecimento intuitivo da situação, síntese e associação de fatos que parecem desconexos. O método frequentemente usado na terapia da deficiência ognóstica é o tratamento com romance (em regime ambulatório também se usam contos).

Criemos uma biblioteca de novos conceitos. Enchamo-los com um conteúdo ex-cêntrico, ou seja, totalmente desconhecido pelo centro. Por certo, vamos carecer de palavras, termos, expressões, frases, ou, quem sabe, também de estilos e gêneros inteiros para descrever aquilo que está por vir. Vamos precisar de novos mapas e da coragem e do humor dos viajantes que, sem hesitação, esticarão as cabeças para além da esfera do mundo já conhecido, além do horizonte dos dicionários e enciclopédias já existentes. Fico imaginando o que veremos ali.

Exercícios de alteridade

Cresci lendo os livros de Jules Verne. Foram eles que me mostraram o mundo longínquo e criaram na minha cabeça a imagem daquilo que é "a viagem do homem ocidental" — e eu pretendia fazer parte daquele Ocidente, embora tenha passado a infância no espaço cerrado e maçante da República Popular da Polônia. O aventureiro verniano era uma figura sem igual: mesmo que nos mapas-múndi ainda houvesse espaços em branco, ele parecia ignorar os perigos e partir audaciosamente, cheio de coragem e com a sensação de que o mundo era sua propriedade, que lhe pertencia. Durante a viagem, ele não mudava seus hábitos alimentares e permanecia fiel à moda do seu país (com as indispensáveis calças marrons e sobrecasaca negra). Em geral, não precisava de outras línguas para além da materna. Sempre se lembrava de levar invenções técnicas mais recentes que, no momento certo, salvavam sua vida e ajudavam a superar obstáculos. Mesmo que se considerasse uma pessoa boa e aberta, guardava, no fundo do coração, a convicção da sua superioridade evolutiva e a certeza da existência de processos históricos inquestionáveis que, mais cedo ou mais tarde, deviam levar cada canto do globo terrestre até o nível civilizacional do Ocidente. Seguindo sua excitante aventura, ele chegava aos lugares mais distantes, mas também ali ele se sentia seguro, porque mesmo no meio do nada ele podia encontrar funcionários do seu próprio círculo cultural que, caso precisasse, pudessem emitir uma cópia de um passaporte perdido e compartilhar fofocas sobre a população local.

Uma decoração fascinante

Esse ponto de vista verniano, enquanto uma fórmula distorcida que beira o pastiche, aparece com frequência na cultura popular de hoje, como na série de filmes sobre as aventuras de Indiana Jones, por exemplo. Aqui o mundo não passa de uma decoração exótica para as proezas do herói, que lembram um videogame. Por mais fascinante que seja a cultura que ele conhece, o protagonista não consegue mudar nada em si próprio, continuando a ser o que era no momento da chegada. Fechado na cápsula hermética da identidade do homem ocidental, ele se revela impermeável, indiferente àquilo que é outro, embora como arqueólogo ele deva ser sensível à alteridade. Focado em sua meta (encontrar um tesouro, descobrir um mistério), o herói não estabelece relações mais profundas com os autóctones, nem mantém algum diálogo cultural. Fala para eles em inglês ou francês, absolutamente convencido de que eles devem compreendê-lo. Conserva seus próprios padrões, não negocia, trata a tudo e a todos com desprezo, convicto da sua superioridade civilizacional — e, em consequência, também humana. Todo mundo lembra a famosa cena no mercado, na qual Indiana Jones, no meio da multidão que se afasta para abrir espaço, é desafiado por um assassino para um duelo. Enquanto o guerreiro, vestido com trajes tradicionais, vai manejando o sabre, exibindo sua destreza, Indiana Jones, que está com pressa, simplesmente dispara contra ele com sua pistola. Fim do duelo.

O espectador, espantado com essa reviravolta, desata espontaneamente a rir, ainda que fique surpreendido com a própria reação. A irreverência e a arrogância de Indiana Jones impressionam, ao mesmo tempo que ridicularizam qualquer resposta politicamente correta.

De fato, o viajante ocidental trata o mundo como não completamente real. Atravessa os países e as culturas visitadas como uma sombra sempre com muita pressa, não tocando em nada, não se envolvendo em nada, isolado na bolha da sua própria sensação de superioridade.

No desfecho dramático da narrativa, o mundo exótico e inocente pelo qual passa um aventureiro ocidental como Indiana Jones na maioria das vezes acaba por se extinguir. Sua dissolução acontece de modo violento, como se a sua razão de ser fosse anulada pela conquista do objetivo e pela descoberta do segredo. O espectador tem que assistir a desmoronamento de pirâmides, desabamento de câmaras subterrâneas, erupção de vulcões e outras catástrofes apocalípticas. Aplica-se aqui a antiga regra romana: *veni, vidi, vici*. O visto e o experimentado (usufruído) fica cumprido, ou seja, derrotado, deixando de existir.

Exótico, mas sem exagero

O paradigma oitocentista da viagem do homem ocidental foi industrializado e massificado pelo turismo contemporâneo. Hoje, o herdeiro de Phileas Fogg e Indiana Jones é um turista que percorre o México de ônibus em doze dias, necessariamente terminando seu itinerário em Cancún — o lugar mais horroroso que já vi, cheio de hotéis monstruosos e praias particulares. Ou descansa em um resort *all inclusive* turco, procurando não pensar que a menos de um quilômetro o mar joga nas praias cadáveres de refugiados.

Esse viajante pálido, com o corpo dormente devido a muitas horas dentro do ônibus, tira fotos tremidas pela janela e pode esticar as pernas só nos pontos determinados pela vontade e interesse do cicerone. Nas paradas curtas do veículo, vê com os próprios olhos os lugares recomendados nos guias e, satisfeito, percebe: isso tudo existe mesmo! À noite, proporciona-se a tal turista um *real life* etnográfico, que na prática não tem nada a ver nem com *real*, nem com *life*.

O turista quer o exótico, mas sem muito exagero. Quer o real, mas não à custa do seu banho matinal, de jeito nenhum. Quer emoções, mas sem chegar ao ponto de ficar preocupado. Quer contato com os autóctones, desde que isso não implique demasiado compromisso ou seriedade. Uma vez eu ouvi uma conversa de meus conterrâneos de meia-idade que falavam sobre a possibilidade de uma viagem para Cuba. Argumentavam que era necessário ir o mais rápido possível, enquanto Fidel ainda estivesse vivo e houvesse pobreza, porque "depois será o mesmo que em qualquer outro lugar". Os negócios, inclusive o turismo, deslocaram os limites daquilo que é ético e humanitário.

Mundos diversos

A viagem é também uma conquista. Quando partimos, levamos conosco o nosso oceano de significados, conceitos, estereótipos, hábitos de pensamento. As suas ondas conseguem inundar aquilo que encontramos fora de nós mesmos. O outro mundo fica submerso pelas coisas que já conhecemos e podemos compreender. A conquista é possível devido aos guias que sempre sabem quais lugares devem ser visitados e o que é imprescindível ver. Demarcam arbitrariamente os limites da nossa percepção, já que aquilo que não consta dos guias não existe. Percorremos os roteiros, numa busca frenética do que devemos ver. E, em consequência, não vemos nada para além disso.

Os guias turísticos continuam merecendo uma monografia à parte. Mostram, de fato, como tentamos domesticar o estranho e incorporá-lo aos nossos sistemas cognitivos. Apesar das aparências, não são dirigidos ao público em geral, tendo sempre um destinatário tácito, com características específicas. Tanto sua orientação para determinada casta como seu caráter implicitamente político nunca devem escapar de nossa vista, mas antes têm que suscitar nossa reflexão sobre aquilo que enxergamos de verdade.

Folheei, uma vez, guias dedicados a uma parte da Polônia: um foi escrito por católicos, o outro por judeus. Eram completamente diferentes. Os viajantes de ambos os grupos com certeza passariam uns ao lado dos outros como sombras, sem perceberem sua presença. Seus roteiros não se cruzavam porque as experiências e a visão do passado que estavam na base dos seus guias eram muito diferentes. É possível apostar que seus diários de viagem, se existissem, falariam de mundos absolutamente diversos.

Será que existe mesmo um único mundo, um *unus mundus* com o qual sonharam os filósofos? Um enorme universo, neutro e objetivo, onde todos podemos nos encontrar e reconhecer como próximos? Ou será que, vivendo no mesmo espaço, na verdade vivemos nas nossas próprias fantasias?

Quilômetro por quilômetro

Recentemente um septuagenário me contou como se viajava no tempo dos hippies. No final da década de 1960 e no início da década de 1970, um homem do Ocidente, colorido e revoltado, comprava barato um carro usado, de preferência uma van, e partia para a Índia. O caminho exigia muito mais tempo do que nós nos propomos a dedicar ao deslocamento no século XXI. Hoje, de fato, quando embarcamos em um Boeing, realizamos um tipo de truque de prestidigitação. Damos um grande estalo de dedos e em poucas horas descemos em uma realidade totalmente diferente. Aqueles viajantes percorriam a terra quilômetro por quilômetro, e cada dia trazia uma mudança de sabor na água, na comida, na temperatura e no ambiente. O corpo humano conseguia acompanhar essa lenta e gradativa alteração. Ao longo do caminho, os viajantes passavam por várias aventuras, sobretudo porque nesse roteiro sempre se podia comprar boa maconha e bom haxixe a preço de banana.

A viagem era então (e talvez devesse ter continuado a ser) um exercício de alteridade. Foi o que sentiu tanto Marco Polo quando chegou à corte do Khan na China quanto aquele hippie colorido que, passeando no crepúsculo por, digamos, Jodhpur no Rajastão, experimentava um estranho e deslumbrante estado de suspensão do próprio ser: não entendia nada, não pertencia a nada, não importava a ninguém.

Se hoje nos viesse à cabeça uma ideia louca de partir em uma dessas viagens, quantos epicentros de conflito, quantas zonas de guerra teríamos que atravessar? Basta dar uma olhada no mapa, e logo se impõe a pergunta: isso seria, de fato, realizável?

Um show irreal

Aquele mundo seguro acabou não apenas por causa de guerras e conflitos. O seu fim se deve também ao fato curioso de que as diversas regiões potencialmente atrativas ficaram muito parecidas, como se vê na roupa, na comida, na onipresença do plástico, nas lembrancinhas locais produzidas na China. Para os turistas, reservam-se espaços especiais, semelhantes a zonas econômicas, ou talvez a parques de diversão para crianças, sempre com enormes estacionamentos para ônibus. Em outro lugar, onde se investiu muito no turismo, os hóspedes ficam na praia, vigiados com discrição por seguranças em uniformes de forças especiais, com armas e munição verdadeiras. Sair do roteiro disponível ao público amplo se torna cada vez mais difícil e dispendioso. É uma diversão para os ricos. Os veranistas mais pobres ficam com o padrão seguro, um fast food turístico, cujo sabor é igual em toda parte e cujo valor epistemológico é diminuto, sendo constituído basicamente por calorias vazias.

Por isso, é cada vez mais frequente que o regresso de mais uma viagem exótica seja acompanhado por uma decepção escondida no fundo do coração. Compramos inúmeras lembranças e bugigangas (às quais depois, em casa, já não sabemos que destino dar), examinamos todo o patrimônio considerado obrigatório pelo guia, provamos o álcool local e enchemos a barriga com a comida da região (muitas vezes em forma especialmente adaptada aos turistas), assistimos às danças folclóricas. Mesmo assim, quando pisamos de volta o chão de nossa casa, com as malas nas mãos, nos sentimos como se tivéssemos participado de um show irreal. Como se tivéssemos lambido sorvete pela vitrine.

Questão de liberdade

Na cultura ocidental, partir em uma viagem sempre foi um ato de liberdade. Phileas Fogg é um homem livre. Enquanto homem livre, ele aceita a aposta e enfrenta o desafio, decidindo, dessa forma, sobre sua própria vida. A viagem passou a constituir o símbolo da liberdade, e deve ser por isso que ela nos atrai tanto. Talvez nós — nômades por natureza, mas imobilizados no caminho — entendamos assim, atavicamente, a nossa liberdade: estar em movimento, deslocar-se, caminhar...

Se a decisão de deixar o próprio país e se pôr no caminho é uma questão de liberdade de escolha, igual à liberdade de expressão, como nós, que a exercemos, podemos negá-la aos outros? Para muitas pessoas, a emigração constitui a única alternativa à perda da liberdade, e por isso faz parte do inviolável direito humano à livre escolha. Quem deve decidir sobre o lugar certo para qualquer outro indivíduo? Nos tempos em que milhares de pessoas procuram abrigo em nossos países, o sr. al-Halabi ou a sra. Marrousch não pedem nossa ajuda. Querem ser tratados não como refugiados, mas antes como sujeitos livres que têm direito à escolha. É um paradoxo que, em nome da liberdade de deslocamento, para eles seria melhor se declarar como mercadoria, preencher um manifesto de carga e se remeter como uma encomenda por via aérea. Para eles seria um modo mais fácil de atravessar fronteiras e viajar.

A liberdade alheia é, em geral, problemática. Aqueles que exercem a liberdade costumam não querer concedê-la aos outros.

Por que eu posso viajar para o país da sra. Marrousch ou do sr. al-Halabi e ficar ali praticamente quanto tempo eu quiser, ou até mesmo me mudar para lá, mas nem a sra. Marrousch nem o sr. Halabi podem fazer o mesmo no meu país? Por que meus conterrâneos, que antigamente enriqueciam construindo pontes e fábricas na Líbia e na Síria, hoje não querem dar uma chance aos líbios e sírios na Polônia, mesmo que aquilo que está em jogo seja a própria vida?

Tenho, portanto, direito a viajar? Na situação em que os outros são detidos na fronteira e instalados em campos de refugiados, o viajar se torna cada vez mais um problema ético.

Sinceramente, eu perdi a vontade de viajar. E não foi por causa do medo de atentados ou guerras. Eu perdi a vontade de viajar, envergonhada com minha própria liberdade, da qual outros carecem.

Já não quero ser turista em países pobres do Sul porque a observação passiva da miséria das pessoas e do sofrimento dos animais se tornou insuportável para mim.

Não tenho vontade de viajar desde que vi ilhas flutuantes de lixo plástico no mar do Sul da China, e nas praias era necessário primeiro limpar o lugar onde se queria sentar.

Não quero viajar por via aérea desde que os aviões começaram a servir como táxis entre cidades, gastando em um único voo uma quantidade de combustível que podia abastecer dezenas de ônibus no mesmo trecho.

Perdi a vontade de viajar desde que no Facebook existem blogues, nos quais viajantes contemporâneos informam, com detalhes e fotos, o que fizeram em cada dia de sua aventura exótica, e o contato com eles é basicamente tão fácil como quando estão em casa. Tenho a impressão de que eles nunca partiram.

Livros do gênero "vou contar para você onde estive" e festivais dedicados a viagens já não me atraem. Nem curto o viajante ocioso do tipo flâneur que, arrastando um pouco as pernas, se move pelos amplos caminhos do mundo como uma visão pura e celebra seu ego, permanentemente ávido de novas sensações.

Perdi o desejo de viajar depois que os jihadistas destroçaram com explosivos as estátuas de Buda e destruíram Palmira. Talvez seja melhor visitá-las virtualmente, na internet, já que ali ainda existem e estão seguras.

Não tenho necessidade de conhecer cidades alheias desde que em todas as ruas do mundo se pode encontrar as mesmas lembranças fabricadas na China.

Não vou visitar museus em cidades alheias enquanto eu não tiver conhecido os museus na minha cidade.

Será que se pode ainda ser um viajante inocente em um mundo com conflitos, explosões de bombas, aviões sequestrados e constante medo de um atentado? Será que se pode desfrutar férias em uma praia vedada à população local? Será que se pode recostar confortavelmente em um assento no avião sabendo que no caminho inverso há gente amontoada em contêineres?

O que responderiam Phileas Fogg e Indiana Jones?

Ou, quem sabe, desta vez somos nós que devemos ficar em casa e acolher outros viajantes?

Máscaras dos animais

Para mim, é mais fácil suportar o sofrimento de um ser humano do que o sofrimento de um animal. O ser humano tem uma posição ontológica própria, elaborada e anunciada aos quatro ventos, e assim constitui uma espécie privilegiada. Tem cultura e religião para o apoiarem no sofrimento. Tem suas racionalizações e sublimações. Tem Deus que, enfim, o salvará. O sofrimento humano tem sentido. Para o animal, não há nem consolo nem alívio, porque não existe salvação que o espere. Não há sentido. O corpo do animal não lhe pertence. Ele não tem alma. O sofrimento do animal é absoluto, total.

Se procurarmos vislumbrar esse estado com nossa capacidade humana de reflexão e compaixão, desvenda-se todo o horror do sofrimento animal e, em consequência, o terrível e insuportável horror do mundo.

Na Grécia antiga, pré-socrática, observava-se um trílogo composto de três simples obrigações formuladas por Pitágoras e seus discípulos: honra os pais, honra os deuses com frutas, poupa os animais. Esses deveres indicavam da forma mais lacônica possível as três esferas mais importantes da vida humana: em primeiro lugar, os laços sociais mais básicos; em segundo, a dimensão religiosa em sentido amplo; e em terceiro, uma atitude justa com os animais. Eles não apontam para nenhum comportamento em particular, mas assinalam as respectivas direções. São mais formas de expedir do que impedir, uma vez que, dentro dos espaços que demarcam, concedem uma liberdade de interpretação ao indivíduo. O seu não cumprimento resulta em sentimento de culpa, vergonha, desconforto moral. Praticamente não precisam de especificação mais pormenorizada.

Se os primeiros dois remetem a sistemas bem codificados — o social e o religioso — e se baseiam em normas e rituais nitidamente elaborados e bastante claros, a atitude do ser humano com os animais carece desse tipo de ordenação (com exceção, talvez, da lista dos tabus alimentares no Antigo Testamento) e depende da consciência humana. É por isso que ela se revela "ética", ou seja, permite que se considere o que se deve ou não fazer.

Como a razão nos torna melhores

Os pitagóricos achavam que os animais eram seres inteligentes. O anarquista Diógenes defendia mesmo que, em muitos aspectos, os animais eram superiores aos humanos. Essa atitude, porém, não era comum.

A tradição judaico-cristã afirma claramente: a terra e todas as espécies vegetais e animais foram criadas para servir aos interesses da espécie humana. Logo no início do Gênesis encontramos uma frase enfática: Deus concede ao ser humano o domínio sobre toda a criação na terra porque o humano é colocado no centro da criação e o objetivo da natureza é servir-lhe.

Um pensamento semelhante foi desenvolvido de modo independente pelos filósofos na Grécia. Aristóteles elabora um motivo muito convincente para essa estrutura hierárquica da criação: o humano é o único ser dotado de inteligência e o poder da razão é a mais importante e distintiva de todas as características humanas. Todos os seres que possuem razão em menor grau naturalmente ocupam uma posição inferior na hierarquia. (Aristóteles recorre à mesma lógica para justificar o tráfico de escravos, alegando que certos indivíduos são escravos "por natureza".)

A ideia ganha sua forma final nos trabalhos de Agostinho, que, ao comentar o mandamento bíblico "não matarás", defende que não devíamos cometer o erro de aplicá-lo aos seres não racionais.

O que quer que se diga sobre aspectos inquestionáveis dos primórdios do cristianismo, é preciso ter em mente quantas visões, ideias e interpretações diferentes estavam nas suas raízes. É certo que naquele tempo a atitude com os animais era tendenciosa e hostil. Tomás de Aquino, que construiu uma filosofia coerente e refinada a partir da multiplicidade de vozes do disperso cristianismo primitivo, seguiu e ao mesmo tempo ultrapassou o pensamento de Agostinho. Ele alegava que os animais não eram apenas destituídos de razão, mas também careciam de uma alma imortal, então a sua morte era, no plano mais amplo, totalmente insignificante. Não temos nenhuma obrigação moral direta em relação aos animais porque apenas uma pessoa (no sentido de um ser que possui razão e exerce autocontrole) pode constituir um sujeito de obrigações e direitos.

Sem dúvida, foi uma maneira muito radical de abordar essa questão, que contribuiu no futuro para a criação de animais em massa para produção de carne. Pode-se mesmo dizer que esse pai da Igreja absolveu, por longos anos, os seres humanos pela matança dos animais. Ainda guardamos na memória o claro "não matarás", mas devido a intérpretes como Tomás, o mandamento ficou acompanhado por tantas condições e exceções que praticamente ignoramos o sentido original dessas palavras. Na maioria das culturas antigas, comer carne que não fosse oferenda constituía um tabu. Para comer um animal, era preciso primeiro sacrificá-lo, porque com esse gesto o matador se livrava do pecado de tirar a vida de um outro ser.

Foi com Descartes que surgiu a terrível visão do animal como uma máquina que funcionava conforme regras mecânicas bastante simples. O ser humano se distinguia pela razão e pela alma imortal, enquanto os animais se pareciam mais com autômatos do que com seres vivos. Em consequência, era eticamente neutro não apenas matar animais e os comer, mas também os sujeitar a práticas como a vivissecção.

Outro adversário dos animais foi Kant, que escreveu, no final do século XVIII, que não tínhamos nenhuma obrigação direta com eles, uma vez que os animais não possuiriam autoconsciência, sendo apenas meios para um fim. E este fim é o ser humano.

Também a Igreja católica insistiu em negar obrigações morais dos seres humanos em relação aos animais. Ainda em meados dos oitocentos, Pio IX recusou por essa razão a fundação da Sociedade para a Prevenção da Crueldade contra os Animais. Da mesma forma, a Igreja de hoje recomenda, no catecismo, que os animais sejam tratados com bondade e que se evite seu sofrimento desnecessário, mas ao mesmo tempo afirma claramente: "Os animais, tal como as plantas e os seres inanimados, são naturalmente destinados ao bem comum da humanidade, passada, presente e futura".*

Na biologia, por sua vez, é ainda vigente o princípio formulado no final do século XIX por Lloyd Morgan, um pioneiro das pesquisas sobre animais, para quem "em caso algum se deve interpretar uma ação como o resultado de um exercício de uma faculdade psíquica superior, caso se possa interpretá-la como o resultado de um exercício que fica em um nível inferior na escala psicológica". Isso quer dizer que é mais adequado explicar

---

* *Catecismo da Igreja Católica*. Disponível no site oficial do Vaticano: <https://www.vatican.va/archive/cathechism_po/index_new/p3s2cap2_2196-2557_po.html>. Consultado em: 29 nov. 2022. [N. T.]

os comportamentos dos animais recorrendo aos reflexos e instintos do que lhes atribuir pensamentos ou emoções superiores.

Seria injusto, porém, deixar de mencionar algumas grandes mentes que tiveram outra opinião. São João Crisóstomo, que de certa forma precedeu Darwin, alegava que a origem dos animais era igual à nossa e, portanto, devíamos a eles a bondade e a gentileza. São Francisco de Assis pregava o amor à Natureza, mas sobretudo preconizava que os animais deveriam ser tratados como nossos irmãos. Montaigne, um grande pensador que estava à frente do seu tempo em todos os aspectos, considerava que a tendência a se sobrepor ao resto da criação vinha da pobreza de imaginação, constituindo um preconceito de uma mente limitada. Mas a maior contribuição foi a de Jeremy Bentham, um filósofo setecentista e, no que diz respeito à atitude com os animais, um indiscutível precursor da ética moderna. Ele foi o primeiro a formular aquilo que para muitos contemporâneos parece óbvio: sem dúvida, os seres humanos são mais perfeitos do que os animais em muitos aspectos, inclusive no que concerne ao raciocínio e à autoconsciência. Para Bentham, porém, essas diferenças não são importantes do ponto de vista moral. Ele escreveu em 1789: "O problema não consiste em saber se os animais podem raciocinar; tampouco interessa se eles falam ou não; o verdadeiro problema é este: podem eles sofrer?".*

Razão contra razão — Singer

Peter Singer é o filósofo da ética mais radical dos dias de hoje. A sua marca são cadeias argumentativas maravilhosamente lógicas a favor dos direitos dos animais. Há anos que ele mostra que

---

* Jeremy Bentham, *Uma introdução aos princípios da moral e da legislação*. Trad. de Luiz João Baraúna. São Paulo: Abril Cultural, 1979. [N. T.]

a nossa atitude em relação a esses seres é, em essência, irracional e ilógica. O seu método é filosófico: estabelecer a ordem da razão onde somos regidos por preconceitos e inconsequências.

Singer parte do pressuposto de que a regra fundamental, na qual se baseia a igualdade de todos os seres humanos, é o princípio de igual consideração de interesses. Ele será aceito por todos que consideram a discriminação racial ou a discriminação das mulheres como questões morais e políticas da maior importância. É possível afirmar que hoje ninguém mais tem dúvidas de que essa discriminação é uma aflição moral. Singer, no entanto, vai mais além e advoga pela extensão do princípio de igualdade enquanto fundamento moral das relações entre seres humanos, para que inclua também as relações com os animais. Por quê? Porque o cuidado com os outros não deve depender das suas qualidades ou capacidades, embora seja óbvio que aquilo que podemos fazer por eles estará sujeito às diferenças entre suas características e atributos. Pois o fato de que algumas pessoas não pertencem à nossa raça não nos autoriza a explorá-las. O mesmo concerne aos animais: o fato de eles não pertencerem à nossa espécie não nos autoriza a lhes causar sofrimento.

Singer é um utilitarista, o que significa que ele considera como éticas as regras de conduta que levam às melhores consequências possíveis para os que estão sujeitos aos seus efeitos. Ele entende pelas "melhores consequências" aquilo que geralmente se revela favorável aos interesses desses indivíduos, e não — como afirmava o utilitarismo clássico de Bentham — aquilo que apenas aumenta o prazer e diminui o sofrimento. Na esteira de Bentham, Singer aponta para a capacidade de sofrer como uma qualidade significativa que, de certa forma, concede a cada ser o direito de se considerar em pé de igualdade com outros seres que sofrem, inclusive o ser humano.

Na filosofia budista, existe o conceito de "ser sensível", usado coloquialmente também para designar tanto os seres humanos quanto outros seres vivos. É uma categoria especial, peculiar, que não tem nada a ver com o emprego da razão, mas antes com a capacidade de experienciar sofrimento e prazer, participar do mundo de modo físico e psíquico. É uma atitude que a nossa filosofia ocidental descobriu há apenas duzentos anos. É dessa forma que Singer, que deve muito ao pensamento budista, entende a capacidade de sofrer, acreditando, ao mesmo tempo, na solução das contradições e incompatibilidades recorrendo à razão. Em *Libertação animal*, ele apresenta aos seus leitores maneiras *lógicas*, racionais, para defender suas posições, propondo estratégias concretas de defesa. Ele acredita que, quando se provar ao oponente a falta de lógica ou consequência no seu raciocínio, as suas opiniões mudarão.

Em suma, podemos afirmar que Singer, no fundo, defende que a nossa atitude com os animais, cheia de crueldade, é fundamentalmente irreflexiva, baseia-se em preconceitos e não tem nada a ver com a lógica. É um erro de raciocínio que sustenta o desejo egoísta e primitivo de exploradores impiedosos de agarrarem-se a seus privilégios. Se apenas usássemos o total das capacidades da nossa razão, tal como ela merece, veríamos como a lógica cartesiana é primitiva e incoerente.

Conhecimento intuitivo e empatia podem constituir ferramentas epistemológicas?

Passemos agora a um dos livros de J. M. Coetzee. Para mim, é um tipo de literatura que, usando meios simples (ao menos na aparência), consegue pôr em teste, de forma consequente e fria, tudo aquilo que se apresenta como óbvio e certo. O resultado dessa contabilidade plutônica costuma ser chocante.

A vida dos animais é um livro especial por várias razões. Antes de tudo, é especial a própria história de sua criação. Um escritor conhecido, J. M. Coetzee, é convidado para preparar um discurso sobre qualquer tema para a prestigiada Universidade de Princeton, mas em vez de uma palestra, ele escreve uma novela sobre uma escritora fictícia que vai a outra universidade prestigiada proferir um pequeno ciclo de palestras. Com esse gesto, ele traz à existência Elizabeth Costello, uma autora reconhecida na casa dos setenta anos. A partir daí, ela se torna não menos real do que Coetzee enquanto autor. Na verdade, ela se torna até *mais* real, dado que a ficção é, de certa forma, mais forte do que a realidade, e os personagens fictícios são mais reais do que os que vivem fora da obra. Eis o grande mistério da literatura. Coetzee, um mestre da distância, sabendo disso muito bem, afasta-se de sua própria palestra e se recolhe às sombras, aos bastidores do palco que vai construindo à nossa frente.

Ainda que o público espere, provavelmente, um tópico mais literário, Elizabeth Costello fala sobre os animais nas duas palestras. Assistimos a seus discursos como eventos reais, acompanhando o raciocínio da escritora, mas também, graças ao privilégio reservado aos leitores, podemos conhecer seu contexto psicológico e biográfico. Dessa forma, Coetzee parece dizer: não se consegue separar as opiniões da pessoa do indivíduo em si; os julgamentos e as convicções podem ser considerados apenas dentro do contexto, na totalidade da pessoa, junto com suas relações com o mundo, emoções e ações. Cada pronunciamento de opinião tem que se manter subjetivo, ao contrário do que se ensina nas universidades e de toda a enorme instituição da ciência enquanto conhecimento que procura o máximo de objetividade. A nossa comunicação é pertinente e profunda só na medida em que se mantenha como uma troca subjetiva, ou seja, aquilo que se revela não plenamente comunicável. Coetzee afirma ainda: só a ficção literária é capaz de mostrar tal estado da subjetividade humana (e, ao mesmo tempo, a sua plenitude); só a ficção, com seu potencial para construir uma pessoa inteira, tem vantagem sobre os argumentos da razão (isto é, sobre a forma tradicional de uma palestra intelectual).

A protagonista do livro é uma mulher idosa, escritora que já conquistou a fama e se encontra em uma etapa da existência na qual geralmente se terminam e recapitulam os assuntos importantes da vida, em vez de se iniciarem novos. A sua aceitação ao convite para proferir as palestras vem, provavelmente, da sua necessidade de pronunciar aquilo que considera significativo para si mesma, aquilo que sente e pensa, sem se preocupar com a impressão causada nos outros, nem com o prestígio. Por isso, ela se dá ao luxo de ser radical e não evita nem o páthos nem comparações dramáticas. Os temas de ambas as palestras — "Os filósofos e os animais" e "Os poetas e os animais" — servem, na verdade, como pretexto para exprimir uma atitude muito pessoal, cheia de emoção, ou até de indignação, em relação à maneira como os seres humanos vêm tratando outros seres vivos ao longo dos séculos. Como é possível não enxergarmos a crueldade à qual os sujeitamos, nem reagirmos a ela? Como funciona a distinção racional entre o ser humano e o animal? Em que pressupostos filosóficos ela se fundamenta? Serão esses pressupostos fidedignos, dado que nos tornam indiferentes aos fatos que saltam à vista?

A guerra entre o ser humano e os animais tem vencedor, diz Costello. Hoje, eles são nossos prisioneiros e escravos que — para justificar este estado repugnante — despojamos dos direitos enquanto sujeitos. Fazemos isso recorrendo à razão que insistimos em negar aos animais. "É evidente que a razão validará a razão como princípio primeiro do universo. O que mais poderia fazer?"* — pergunta Costello. "A razão e sete décadas de experiência de vida me dizem que a razão não é a

---

* John Maxwell Coetzee, *Elizabeth Costello: Oito palestras*. Trad. de José Rubens Siqueira. São Paulo: Companhia das Letras, 2004, p. 79. [N.T.]

essência do universo, nem a essência de Deus. Ao contrário, e de forma bem questionável, a razão parece ser a essência do pensamento humano; pior ainda, a essência de apenas uma parte do pensamento humano."*

A forma como a razão humana marcou e delimitou seu território é mostrada por Costello através do exemplo das famosas pesquisas pioneiras sobre chimpanzés realizadas em 1917 por Köhler. A escritora procura interpretá-las, examinando-as não do ponto de vista do humano, mas do próprio macaco estudado. Isso revela pressupostos antropocêntricos, tácitos, talvez inconscientes, que questionam completamente a importância da pesquisa. Não sabemos se os macacos têm razão ou não e se ela é igual à nossa ou totalmente diferente. E mesmo que seja diferente, será que essa distinção justifica os nossos atos?

Ambas as palestras não se limitam a uma discussão com argumentos filosóficos que fundamentaram a atitude ocidental em relação aos animais, nem a uma mera reinterpretação das pesquisas etológicas. Coetzee, pela boca de Costello, reivindica, acho, uma revalorização de dois modos esquecidos, subestimados e marginalizados de experienciar o mundo: o conhecimento intuitivo e a empatia. Ele os põe em pé de igualdade com outros mecanismos epistemológicos, ou até mesmo os considera ainda mais "humanos".

Na última cena do romance, o filho de Elizabeth a leva ao aeroporto e pergunta por que ela começou a se dedicar com tanta intensidade aos direitos dos animais. A resposta da protagonista é inquietante e pouco clara:

> Quando penso nas palavras, elas parecem tão atrozes que seria melhor dizê-las apenas para o travesseiro ou para um buraco no chão, como fazia o rei Midas. [...] É possível,

* Ibid., p. 77.

me pergunto, que todas [as pessoas] estejam participando de um crime de proporções inimagináveis? Estou fantasiando isso tudo? Devo estar louca! No entanto, todo dia vejo provas disso. As próprias pessoas, de quem desconfio, produzem provas, exibem as provas para mim, me oferecem. Cadáveres. Fragmentos de corpos que compraram com dinheiro. [...] E não estou sonhando, não. Olho nos seus olhos, nos olhos de Norma, das crianças, e só vejo generosidade, bondade humana.*

Costello parece ser uma das pessoas que viram, perceberam, ou talvez seja melhor dizer: *enxergaram* a natureza fundamental e assustadora do mundo. O verbo "enxergar" pressupõe aqui a singularidade, a unicidade do ato de percepção. O fato de que não vemos o horror todo dia, que ele nos escapa, que não ficamos paralisados com o terror, é espantoso. Será que nossos mecanismos de defesa — todos os argumentos cotidianos, pragmáticos, mas também aqueles que encontramos nos escritos de Descartes e de Tomás de Aquino — funcionam com tamanha potência? Ou será apenas o medo humano do choque, o hábito da preguiça perceptiva, a falta de reflexão, o conforto da ignorância? Basta-nos, pura e simplesmente, que o mundo é dado, que ele é como é. Mas a nossa passividade perceptiva tem implicações morais: perpetua o mal. Não querendo enxergar, tornamo-nos cúmplices do mal e compartilhamos a culpa. O esforço moral é, portanto, um esforço cognitivo: temos que *enxergar* de um modo novo e doloroso.

Quem uma vez enxergou todo o horror daquilo que os seres humanos fazem aos animais já não consegue voltar ao sossego. "Estamos cercados por uma empresa de degradação, crueldade e morte que rivaliza com qualquer coisa que o

---

* Ibid., p. 131.

Terceiro Reich tenha sido capaz de fazer",* diz Costello. A comparação causa protesto e indignação imediatos, mas a protagonista não se defende.

A comparação com o Holocausto, recebida com indignação, diz respeito tanto ao paralelo entre o massacre dos animais e o extermínio dos judeus quanto à questão das testemunhas silenciosas do crime: todos aqueles que, sem matar com as próprias mãos, assistiam, mudos, ao que estava acontecendo — alemães, poloneses, norte-americanos, britânicos, todos que não queriam acreditar naquilo que viram nas fotografias.

O conhecimento intuitivo, ou insight, consiste em uma apreensão súbita, total e espontânea, de uma só vez, da essência daquilo que vemos. É um tipo especial de percepção simultânea em vários níveis. O que, onde, como, por que e para que cabem em um conhecimento ao mesmo tempo intelectual, emotivo e intuitivo.

O insight é um evento pontual. É um momento, mas tem consequências que se estendem no tempo. É impossível voltar ao estado anterior. A nova consciência pode ser dolorosa ou terrível, pode significar uma experiência de horror que só se deixa exprimir sussurrando no travesseiro. A partir daí, cada acontecimento contribui para essa nova sensibilidade, e o mundo será visto, de novo, como radicalmente cruel. E será preciso viver nele. Costello encontra seu próprio modo: a única coisa que se pode fazer quando já se tiver "enxergado" é aprender a utilizar uma "imaginação simpatizante",** capacidade de partilhar sentimentos alheios ou, recorrendo à terminologia da psicologia ocidental, a empatia.

É a empatia que constitui o tema da segunda palestra e é sobre ela que se desenvolve boa parte das discussões em *A vida dos animais*. A escritora remete à filosofia e à literatura — campos

---

* Ibid., pp. 74-5. ** Ibid., p. 91.

capazes de ultrapassar a linguagem racional e prática, permitindo que o ser humano compreenda um outro ser. A ciência nos enganou. Apesar de todas as pesquisas e experiências científicas, não descobrimos, e provavelmente nunca vamos descobrir, o que se passa na mente de uma vaca ou de um cachorro. Vamos especulando, apoiando-nos em várias pressuposições, que em alguns casos mal se distinguem de preconceitos, e continuando a condicionar cachorros, construir labirintos para ratos e permitir que, ao mesmo tempo, a máquina da morte e crueldade funcione a todo vapor.

Por que presumimos que os animais não têm razão nem consciência? — pergunta Costello. Não sabemos disso, portanto poderíamos igualmente presumir algo totalmente contrário, não é verdade? Não presumimos nada.

Um ser humano que se encontrou na mesma situação que Costello, ou seja, percebeu que vivia em um mundo onde todos os dias matam milhões de animais, sente-se como ela: sozinho, ou até louco. Vê algo que os outros não veem. Vivencia sua própria impotência. O que se pode fazer? Os outros nem sequer desejam tocar no assunto, talvez porque, apesar de tudo, no fundo se sintam culpados. "Assim é a vida" — procura explicar Elizabeth Costello. "Todo mundo se acostuma com isso, por que você não?" — pergunta a si mesma. "Por que você não?"*

Falar. Nas suas palestras, a escritora tenta dizer tudo de uma só vez. Procura ordenar seu discurso em argumentos serenos e lógicos, mas a sua verdade é maior do que o argumento, não se deixa encerrar em moldes acadêmicos. A sua fala parece pouco convincente para um corpo discente universitário treinado em técnicas discursivas. Pode ser facilmente abalada, ridicularizada, posta em xeque, interpretada — como

---

* Ibid., p. 131.

pela nora de Costello, Norma — como mais um jogo do ego. Apesar disso, sua renúncia a participar de um Auschwitz continuado e despercebido pela maioria se torna um ato heroico, tanto mais que, ao que tudo indica, Elizabeth Costello está perdendo. Ninguém ficou convencido. O público se sente confuso.

Costello — como nós todos, aliás — faz parte de um mundo que adora testar e anular todos os tabus. Mas este único, último tabu consegue se manter firme. Falar sobre os animais, sobre o sofrimento dos animais, muitas vezes causa constrangimento, é considerado "fanatismo", como o vegetarianismo ou a reivindicação dos direitos de outros seres vivos. Situa-se no plano das excentricidades, idiossincrasias embaraçosas.

Inesperadamente, o final ambíguo do livro abre caminho para mais uma via interpretativa. O sussurro consolador e tranquilizador do filho da protagonista — este "calma, calma, já está quase no fim"* — pode ser entendido como uma admissão de culpa, mas sobretudo como uma admissão de que todos temos consciência da nossa própria crueldade e a tratamos como uma característica intrínseca da existência humana, uma qualidade do mundo. Sabemos, mas estamos calados. Desse ponto de vista, a obra de Coetzee ganha um significado diferente, sombrio, tornando-se um diagnóstico maniqueísta do envolvimento da existência humana nas trevas das quais só se pode sair pela morte.

Na edição polonesa de *A vida dos animais*, as quase palestras de Costello são acompanhadas por contribuições de pessoas com autoridade reconhecida no mundo da ciência. A situação narrativa, portanto, se repete: agora o discurso de Costello, escrito por Coetzee, vai sendo comentado pelos outros. Percebe-se o caráter inspirador e a riqueza do texto, capaz

---

* Ibid., p. 132.

de suscitar reações tão diferentes e leituras que seguem tantos caminhos diversos. Não será assim que os livros devem ser lidos, sempre em boa companhia? Sobretudo os livros de Coetzee? A sua ficção seríssima, que parece muito concreta e clara, se afigura cerebral, ou até didática, só à primeira vista. No fundo, o escritor trabalha com situações e imagens que nunca se revelam totalmente acabadas e remetem tanto ao discurso intelectual quanto às emoções e ao senso comum.

As palestras de Costello recorrem a outras ferramentas epistemológicas e a forma da palestra de Coetzee, a ficção literária, não cria condições propícias para uma discussão filosófica propriamente dita. "Coetzee não precisa se preocupar sequer com a estrutura da palestra" — observa Singer. "Quando percebe que começa a divagar, basta mandar Norma dizer que Costello está confusa." Costello, enquanto uma pessoa subjetiva, portanto "completa", tem que ser mais radical nas suas opiniões. É compreensível também que ela utilize outro modo de argumentação (se a proposta de "imaginação simpatizante" pode ser considerada convincente para um filósofo). Sinuosamente, para discutir os argumentos de Costello, Singer usa a forma de um diálogo ficcional com sua filha, no qual ele defende a filosofia dos ataques da escritora. "Não podemos recorrer aos nossos sentimentos como dados morais imunes à crítica racional" — afirma ele, rejeitando dessa forma o tratamento da empatia como categoria moral e epistemológica.

A empatia tem um percurso relativamente curto na história da humanidade. É provável que ela tenha surgido em algum lugar no Oriente pelo menos seis séculos antes do Cristo. De qualquer forma, antes dos ensinamentos budistas, ninguém denominou nem valorizou esta nova atitude: olhar para o outro como se fosse você mesmo, nunca confiar no limite aparente que nos separa dos outros, porque é uma ilusão. O que quer que aconteça a você, acontece a mim. O "sofrimento alheio" não existe. Essas fronteiras ilusórias separam não apenas os homens entre si, mas também os seres humanos dos animais. É desta forma, budista, que Costello entende a empatia. Nas entrelinhas das suas palestras se ouvem ecos dos tropos ateístas do budismo: a consciência da situação em que todos nos encontramos nos põe contra a parede porque não há esperança e tudo indica que o mundo não foi criado como bom, tendo por fundamento um sofrimento inevitável. E, ainda que não saibamos por que é assim, nesse enorme mar do desespero é necessário se comportar de forma digna — é isto que nos torna humanos, e não o nosso DNA. Comportar-se como se isso importasse, como se existissem regras e normas, como se existisse um bem que nos salvasse e desse sentido aos nossos atos.

A razão de pernas para o ar, ou uma inversão da perspectiva: Michel Faber, *Sob a pele*

Nesse romance, a proposta do emprego da empatia enquanto perspectiva epistemológica encontra sua plena realização literária. O artifício é muito simples. A arquitetura dos significados, à qual estamos habituados e que nem sequer pensamos em questionar, de repente fica totalmente alterada. Faber inverte radicalmente os pontos de vista.

O ponto de partida é o seguinte: estamos testemunhando uma caça. Um espécime vai no encalço dos representantes de outra espécie. Tendo-os capturado, ele os sujeita a um tipo de engorda e trata os corpos caçados de modo reificante, como um alimento potencialmente precioso e desejado. Quando a qualidade da carne estiver satisfatória, o espécime criado é abatido, sendo sua carne dividida em porções e vendida a um comprador.

Uma história banal. O que terá de chocante? A criação dos representantes de outras espécies é um fato que não surpreende ninguém. É uma situação bem conhecida na natureza: uma espécie explora a outra.

No caso de *Sob a pele*, porém, as variáveis do esquema conhecido como "X cria e come Y" são substituídas com outros dados. Um truque, aparentemente pequeno, torna esse livro perturbador, transformando-o em um pesadelo: é um humano, um *Homo sapiens*, que é criado por outra espécie não humana (mas também não animal). Os representantes dessa outra espécie são parecidos com cachorros ou lobos e fundamentam a distinção entre si mesmos e os humanos (chamados *vodsels*) pela aparência — algo que conhecemos muito bem em nossa realidade. Uma vez que são quadrúpedes, eles sentem maior afinidade com as ovelhas do que com os seres humanos bípedes e não peludos. Nunca comeriam a carne de uma ovelha porque têm a impressão de que as ovelhas são "próximas demais". São as características externas dos humanos que os tornam "comestíveis".

De fato, conhecemos essa sensação. Nós também não comemos os macacos — são demasiadamente parecidos conosco.

Em *Sob a pele*, é importante o questionamento da divisão mais básica e mais atávica entre *o mesmo e o outro*. O autor conduz a narrativa de tal forma que involuntariamente nos identificamos com o outro, ou seja, o alienígena. Recorre à nossa razão e aos nossos sentimentos (inclusive à capacidade para a empatia) para que sucumbam ao raciocínio do extraterrestre. Desorienta-nos e engana de um jeito que perdemos todos os hábitos perceptivos e traímos nossa própria espécie. Desse modo, ele relativiza nossos costumes morais e mostra como seria fácil nos familiarizarmos com o maior horror e crime. Basta apenas empregar o típico arsenal humano: a razão, o hábito, a identificação e a racionalização.

Faber apresenta o maior paradoxo da empatia: abandonando-nos a nós mesmos, temos talvez a única oportunidade de nos tornar algo que é o nosso contrário. Se a alteridade não é tão radical como se esperava, ela perde seu poder mágico e ameaçador. O outro se transforma em alguém que se pode compreender. No fundo, o outro deixa de ser o outro. Não existem nós e o outro. Somos parte do mesmo todo, então todo o mal que fazemos aos outros, nós o fazemos a nós mesmos.

Máscaras: para além da razão, ou seja, aquilo
que não sabemos, mas intuímos

Em uma cidade no Extremo Oriente, os monges e as monjas fundaram um museu da religião. Era tão surpreendentemente ultramoderno e avançado do ponto de vista eletrônico que os europeus, que costumam estar muito satisfeitos com eles mesmos, perdiam de repente todo o seu sentimento de superioridade. Foi o museu mais excepcional que eu visitei na minha vida. Cada uma das grandes religiões do mundo tinha ali uma sala separada, mas havia também muito espaço para manifestações não institucionais da religiosidade humana. Cheguei, enfim, a uma sala cheia de telas, nas quais se projetavam entrevistas com pessoas provenientes de vários lugares do planeta e de diversas culturas. Entre elas estavam cientistas, artistas, engenheiros. Cada um falava sobre uma vivência profunda que o alterou, uma experiência-limite, ou — como diriam os psicólogos humanistas — uma experiência culminante.

Fiquei muito impressionada com as palavras de Jane Goodall. Uma vez, ela observava chimpanzés que tomavam banho em uma pequena catarata na floresta. Ela os viu brincar, nadar e se comunicar. Mas também os observou quando fitavam, sentados, mudos e imóveis, o fluxo da água, miravam as gotas que caíam, deslizavam o olhar pelas ondas.

Muito comovida, Goodall falou sobre uma intuição que teve naquele momento. Ela ficou com a impressão de que dentro daqueles animais atentos ao fluxo de água estava acontecendo algo importante e profundo — que participavam da experiência da mudança e por isso também da sensação da passagem do tempo. Embora palavras como "contemplar", "pensar" e "refletir" se imponham por si mesmas e é preciso manobrar muito para evitá-las, é óbvio que eu preciso prestar atenção e obedecer ao memorável princípio de Lloyd Morgan sobre a prioridade dos mecanismos mais básicos na interpretação do comportamento dos animais. Jane Goodall, por sua vez, não se preocupou com as indicações daquele Ockham da etologia e exprimiu claramente sua conjectura: observando os chimpanzés, ela viu em suas ações um tipo de ponderação sobre o movimento. Viu que eles também tinham uma capacidade de reflexão, de um ser no tempo de um modo mais profundo e agudo. Viu que talvez eles também passassem por algo parecido com a nossa experiência religiosa.

As pesquisas dos etologistas vêm nos trazendo cada vez mais notícias sobre a psicologia dos animais.

A mais recente que eu conheço diz respeito à capacidade de previsão dos acontecimentos. Li também sobre resultados que atribuem aos animais algo como o sentido de humor, uma tendência para enganar por diversão.

Quando eu era pequena, comecei a ter a impressão de que os animais eram um tipo de disfarce e máscara. Que sob os seus focinhos peludos e os seus bicos se escondia um outro "rosto". Um outro alguém. Descobri isso com a Saba, uma cachorra de rua que tinha uma vida boa, aproveitando a cozinha da escola. Era especial e inteligente e, de certa forma, inconfundível. Depois, passei a não ver isso de forma tão nítida, mas essa suposição ficou comigo até hoje.

Vocês nunca tiveram a sensação de que os animais tinham máscaras, que em algum ponto por trás dos ouvidos estavam escondidos tiras ou zíperes com os quais elas foram fixadas, e que essas máscaras eram igualmente enigmáticas — e de certa forma emblemáticas — como as máscaras humanas? Quem está escondido, portanto, por trás do gato dos vizinhos? E quem será aquela alegre yorkshire terrier que eu vejo todos os dias na escadaria? Quem será o porco, a galinha e a vaca?

Será que eu posso colocar a pergunta desse modo?

Singer segue um caminho amplo — um caminho para todos. Todos somos capazes de reflexão e sabemos usar nossa razão. O raciocínio dele pode ser conduzido de uma forma que seja compreensível para pessoas de várias culturas e em idades diversas. Imagino também uma versão para crianças que estudam ética na escola.

O caminho de Costello é mais estreito e ela tem plena consciência disso. Por que aquilo que para uns parece repugnante e terrível é incapaz de comover os outros? Talvez tenhamos estruturas psíquicas diferentes, talvez experimentemos o mundo em níveis diversos, talvez a nossa sensibilidade seja inata e não suscetível ao treinamento. Talvez, enfim, nem todos sejam capazes da empatia e muitas pessoas não entendem, pura e simplesmente, o que diz aquela escritora idosa e, de fato, inexistente.

E finalmente Jane Goodall — um estreitíssimo caminho está reservado aos que tiverem sensibilidade, sentidos, razão e honestidade para ultrapassar preconceitos e ilusões. Para olhar através dessas estranhas máscaras e ver que por trás delas estão outros seres — para nós inconcebíveis e próximos — que são os animais.

O cadinho extraordinário dos irmãos Quay, alquimistas londrinos do cinema

O primeiro filme dos irmãos Quay que eu vi provocou em mim um choque visual e, logo depois, quando me recuperei um pouco, uma sensação irritante de déjà vu que persiste até agora e regressa sempre que eu assisto a outro filme deles. Não é, porém, uma mera impressão de algo já visto em algum lugar. É mais uma intuição que me diz que estou em um terreno bem conhecido, em um país cuja língua eu entendo completamente, cujos costumes conheço e até cujo senso de humor específico não é estranho para mim. É pressentimento de um sentimento profundo, algo que escapa a um simples esboço de referências, a uma enumeração de nomes e citações. É uma zona fronteiriça de memória vaga e fragmentária da infância e adolescência, uma recordação das capas dos discos mais adorados, uma lembrança de fantasias sonhadas. Em torno disso circulam visualizações espontâneas das histórias dos livros lidos há muito tempo, fantasias que nascem a partir da música que se escuta.

Que país é esse? Quais são esses espaços abertos à minha frente pelos irmãos alquimistas? Para mim, tudo aqui é muito conhecido, mas mostrado de um modo que me surpreende. Dentro do *meu* há algo que *não é meu* que me põe em um estado de alerta e manda olhar hipnoticamente a imagem cujo impacto se torna muito depressa também uma experiência sensorial. As pontas dos dedos já estão ávidas de tocar, o nariz já cheira, a boca se enche de saliva. Onde estou?

No cadinho alquímico em que os irmãos Quay mexem vigorosamente, há ingredientes de receitas antigas e tradicionais, bem como substâncias que só eles podiam pensar em utilizar. (Não é verdade que um alquimista criativo sempre procurou modificar receitas, acrescentando à mistura ora uma cauda de lagarto, ora uma perna de aranha, ora um olho de morcego, ora pegadas de camundongo?) Por isso eles aproveitam isso e aquilo, citando, repetindo, aludindo, copiando e colando. E como em um cadinho, a cada movimento do misturador as linguagens e as imagens se fundem, se sobrepõem, e o nosso elixir vai se tornando cada vez mais característico e homogêneo, irrepetível, quayano. Se forçarmos a vista, na superfície aparecerão por um instante rastros característicos: Murnau, E. T. A. Hoffmann, Buñuel, Schulz, Kafka, também uma pitada de Dick, umas gotas do suco de pintores surrealistas e uma belíssima estética da decomposição que tanto atrai as almas melancólicas e sombrias. Tudo isso em torno de alguns eixos de cristalização.

Das Unheimliche, ou o que foi dito por Freud

Freud definiu ousadamente o inquietante (*das Unheimliche*) sem se preocupar muito com seu caráter confuso e elusivo. O inquietante é algo que conhecíamos e era íntimo, mas com o tempo ficou reprimido e recalcado no inconsciente. As suas raízes estão, em primeiro lugar, nos complexos infantis e, em segundo lugar, nas crenças primitivas e animistas que tivemos que superar como pessoas civilizadas. Portanto, experimentamos a sensação do inquietante quando um complexo adquirido na infância fica liberado ou algo primordial se confirma de repente em nossa vivência. A vaga fronteira entre o vivo e o morto, a vivificação de objetos, o desligamento de membros do corpo — são exemplos evocados por

Freud que encontramos imediatamente nos filmes dos irmãos Quay. É difícil não lembrar as mãos do boneco se tornando, com uma graça natural, subitamente independentes do resto do corpo para assumirem o controle total sobre a escada. Ou a vivissecção da boneca quando de sua cabeça de porcelana se extrai estopa suja, enchendo-a com um conteúdo novo.

Os irmãos Quay, como alquimistas consumados do filme, adicionam vários novos ingredientes à famosa receita freudiana do inquietante. Com muitos deles Freud nem sequer sonhou.

O panóptico, ou pelo buraco da fechadura

O panóptico é o inquietante da sociologia. É um espaço ideal da prisão, inventado por um filósofo, em que cada detido é constantemente observado. É também a melhor metáfora sociológica de Deus. Os irmãos Quay são atormentados pelo sonho ruim do mundo enquanto gaiola com um espaço fechado onde se pode espreitar e espiar o indivíduo. Os personagens dos seus filmes são frequentemente prisioneiros de um lugar assim. Com uma determinação trágica, tentam entender sua posição, estudando os limites da detenção. Lembramos, de *Nocturna Artificialia* ou *The Epic of Gilgamesh, or This Unnameable Little Broom*, o gesto da mão que, por um buraco na parede, alcança o *fora* e tenta descobrir às cegas o que está além. Ambas as cenas fazem pensar na velha gravura de um viajante que chegou até o fim da Terra e agora, esticando a cabeça pela semicircular abóbada celeste, admira maravilhado a estrutura e o mecanismo das esferas. Mas o caso dos irmãos Quay é completamente diferente: a mão erra no nada. Percebemos o seu esforço, sentindo compaixão e tristeza porque sabemos que, para além da prisão, aquele compartimento anguloso do mundo, não há nada interessante. Na melhor das hipóteses, ele está lá: o olho de um observador anônimo cuja posição desalmada é assumida por nós enquanto espectadores.

O artificial, ou quanto menos natural, melhor

Esse mundo artificial, trazido desordenadamente à vida por um demiurgo inepto, é capturado na última fase da sua existência, quando a decomposição, destruição e poeira reinam com o poder absoluto. Aqui não há nada fresco. Os mecanismos e os objetos parecem ter sido criados já como velhos. Não dá para acreditar que um dia tenham brilhado de tão novos, com suas engrenagens bem lubrificadas.

Mas é por isso que tal mundo parece eterno. Só o jovem e cheio de frescor pode envelhecer e ser danificado, enquanto o velho e defeituoso atinge a categoria de ser superior, um estado de permanência segura, fora dos golpes do tempo. Nesse mundo artificial ocorrem, porém, atos de geração espontânea, um fenômeno misterioso que transcende nossa preparação científica. Lembramos as convincentes descrições dele feitas por Bruno Schulz. Para conseguir observá-lo, é preciso ter muita perspicácia e atenção: concentração nos mínimos detalhes, nas frestas de uma tábua, nas irregularidades de uma pedra, nas pequenas fissuras, nos emaranhados de lixo, buracos, riscos. É ali, nos microabismos, que brota a semente da vida. Será mesmo? É uma pergunta mal colocada. Participamos de fenômenos e, assim que começarmos a procurar um caminho para as profundezas, perderemos a nossa perspectiva extraordinária, e a migalha da vida se transformará em uma partícula de pó, limalha de ferro. Aliás, aqui nunca se sabe onde passa a fronteira muito duvidosa entre o vivo e o morto. Os sábios desatariam a rir se tentássemos convencê-los da mera existência dela. Entende-se, por certo, que os sapos vêm da lama, as moscas dos excrementos, e as pulgas da poeira úmida de debaixo da cama. É sabido que na estrutura complexa de um relógio lateja de vez em quando um tecido vivo parecido com fígado e o mecanismo das rodas dentadas é acionado com saliva, como nos foi mostrado em *A rua dos crocodilos*.

Confusio, ou a ordem primordial das coisas

Não nos deixemos enganar, porém, por essa visão ilusória da decomposição. No cadinho dos irmãos alquimistas alcançamos as raízes da ordem primordial em que tudo existe junto e ao mesmo tempo e a necessidade da organização vai muito além das tendências vulgares para impor ordem de acordo com medidas, letras do alfabeto ou causa e efeito. Aqui reina uma ordem primordial em que tudo é igualmente importante e entrelaçado.

As palavras aparecem em várias línguas e essas línguas misteriosamente se completam, ignorando suas origens e parentescos. Ademais, nem sequer é necessário entender o que foi dito ou escrito. Nessa ordem primordial, o sentido, na acepção que conhecemos, ainda não existe. A fala humana é algo que não se afastou demasiadamente do puro som, apenas o som, enquanto a escrita se reduz às marcas das minas de grafite no papel. Nada pode ser dito nem contado. No filme *In absentia*, as cartas colocadas no relógio nunca chegarão ao destinatário, a não ser que este seja o tempo (embora sua famosa passagem também possa se revelar uma questão contratual). A paisagem se torna completamente abstrata, sendo difícil descobrir nela formas conhecidas de árvores, montanhas, casas e ruas. O horizonte parece existir, mas já que não existe nem céu nem terra, sua existência fica enredada: não separa nada nem permite orientar-se no espaço. As leis da física funcionam aqui só em parte: aquilo que deve cair fica de repente suspenso no ar, enquanto muita coisa ocorre ao redor, como se nada acontecesse. "Haverá um sentido oculto em todos esses nadas?", pergunta a si mesmo o incrédulo Jakob von Gunten, personagem de *Instituto Benjamenta*, mas no fundo muitos de nós estão tentados a gritar: "Que alívio!". O rastreamento dos sentidos, enquanto tratamento duvidoso para as moléstias do *horror vacui*, já nos sangrou tanto que ficamos fracos.

Wunderkamera, ou abaixo a enciclopédia

O nosso conhecimento parece um enorme conjunto de gavetas abertas ao acaso, tal como no filme *The Cabinet of Jan Švankmajer*: agora esta, depois aquela. A sua distribuição também parece caótica, constituindo, em vez de um catálogo ordenado, uma coleção de curiosidades. Nunca se sabe o que se verá ao abrir uma das gavetas. Podemos ter uma certeza: ali estarão coisas estranhas, objetos inquietantes. Aqueles cuja existência não é apenas inimaginável, mas até assombra e irrita, provando que o melhor modo de descrever regras é apresentar exceções a elas. Os objetos são inseridos nessa coleção só porque surpreendem. Qualquer sistemática que se possa aplicar aqui é isenta dos pressupostos científicos ou pseudocientíficos geralmente aceitos. Não se reconhece nem causa e efeito, nem quaisquer hierarquias, nem sequer simples ordens lineares do alfabeto.

Aqui opera apenas um algoritmo: "isto e isso, e mais isso e aquilo".

Oneiropractica, ou o peixinho dourado

Não incorramos no erro de pensar que a presença de eletricidade, pequenos motores, bondes, campainhas, relógios e pessoas possa indicar o reconhecimento desse mundo como próprio e bem documentado. É uma ilusão, um disfarce com formas reconhecíveis, imitações enganosas. Parece que temos à nossa frente algo familiar, porém após um exame mais minucioso descobrimos que nem tudo está certo. Às vezes, a ilusão é pura brincadeira, como no caso em que se evocam as obras engraçadas de Arcimboldo, mas acontece também de ela esconder algo perigoso que desnorteia e estonteia (o mecanismo do relógio é carne). Estamos nas periferias da razão, onde as regras simples da percepção deixam de ser óbvias. Aqui a lua é apenas uma bola de futebol. "Em vez de um mistério há apenas um peixinho dourado", diz o personagem de *Instituto Benjamenta*.

Será que vocês reconhecem esse país a partir dessas descrições concisas e sumárias? Será que vocês também o consideram familiar e de certa forma *nosso*? Seja qual for seu nome, é certo que muitos de nós vivem aqui.

Mas o que significa "nosso"? Nosso, ou seja, de quem? De quem tiver lido os mesmos livros, ou antes de quem tiver no cérebro uma fissura (por enquanto a chamemos de "o sulco dos irmãos Quay") ainda não descrita pelos neurologistas? Será essa a origem das nossas estranhas idiossincrasias e tendências para uma metafísica sinuosa e precária? Ou talvez sejamos cidadãos de um país quimérico e transfronteiriço que flutua como uma miragem ondulante em algum ponto sobre a Europa Central e que se alimenta dos seus pesadelos? De qualquer modo, os irmãos alquimistas nos proporcionam uma obra rematada e perfeita que já passou pelo seu *nigredo*, *albedo* e *rubedo* para atingir no cadinho quayano a perfeição de uma pedra filosofal cinematográfica.

Glosa

Desde a infância um problema metafísico me atormentava, e passei muito tempo sem conseguir resolvê-lo. Será que existe alguma coisa no mundo sem a qual nada poderia existir? Será que existe algo indispensável, um objeto básico e fundamental? Uma *quinta essentia* que concede potência aos quatro elementos? Um *arché* dos pré-socráticos, um Mistério da Existência, um Graal do Cotidiano? Será que se pode, portanto, estabelecer uma hierarquia simples dos seres, ou antes se deve permanecer em um mundo plano das coisas igualmente (ou completamente não) úteis?

No universo alquímico dos irmãos Quay eu descubro, surpresa, que tal objeto existe e é um *parafuso*. Ele aparece nos seus filmes com demasiada frequência para poder ser ignorado. Empoeirado e banal, mas onipresente como o Ubik do romance de Philip K. Dick. Não nos deixemos iludir pelo caráter despretensioso desse objeto. É ele que, pelas nossas costas, atarraxa as camadas da realidade umas às outras, unifica os nossos pontos de vista instáveis e isolados e, com um movimento mecânico, giratório-espiral, reconcilia os contrários.

Bendito Parafuso, protegei-nos!

Os trabalhos de Hermes, ou como os tradutores salvam o mundo todos os dias

Gosto de adotar uma perspectiva panóptica e, pelo menos por um instante, olhar para tudo de cima. Assim, é possível ver nosso mundo humano como colônias amplamente espalhadas de organismos que estão satisfeitos consigo mesmos, se adaptam com facilidade às circunstâncias mutáveis, são extremamente expansivos e competitivos, mas ao mesmo tempo capazes de se autoconhecerem e cooperarem. Desse ponto de vista, os tradutores constituem nessa estrutura orgânica um fator sem o qual ela não poderia existir porque são componentes de um certo tipo de tecido nervoso transmissor, uma rede que ajuda a transportar informações de um ponto desse corpo para outro.

Não estranha, portanto, que já há muitos séculos o padroeiro e protetor dos tradutores seja Hermes. Um deus de estatura baixa, ágil, rápido, engenhoso e esperto que percorre os caminhos do mundo. Citando Plutarco: "o menor e o mais astuto dos deuses". De cabelo comprido, vestindo um chapéu com pequenas asas e segurando o caduceu, e de um sexo não plenamente determinado, ele está em toda parte. É deus da síntese, da associação de assuntos remotos, da inteligência e do proveito. Um deus com senso de humor, deus com inclinação para a mentira e o engano. Deus dos comerciantes, mercadores, artesãos e apostadores. É ele quem nos acompanha nas viagens e é a sua voz que ouvimos nos guias turísticos e nos guias de conversação. É ele quem nos indica os trilhos, ensina a ler os mapas, deixa atravessar fronteiras. Mas ele aparece sobretudo onde acontece algum ato de comunicação. Quando abrimos a boca para transmitir algo a outra pessoa, Hermes está conosco. Quando lemos o jornal, navegamos na internet, mandamos uma mensagem pelo celular — ele está ali. O seu templo contemporâneo, se algo assim tivesse sido criado, abrigaria impressoras, telefones e máquinas de xerox.

Um dos seus títulos é hermeneuta, ou seja, intérprete e tradutor. De fato, os sacerdotes e as sacerdotisas no seu templo são os tradutores porque o trabalho deles concerne à essência dessa divindade: faz com que as pessoas se comuniquem por meio dos seus idiomas, mas também para além deles, transportando a experiência de um ser humano de uma cultura para outra.

Tenho uma enorme afeição por esse deus e laços fortes com ele por motivos que transcendem significativamente o tópico do presente texto. Mesmo assim, o invoco aqui com grande prazer.

Antes de seguir adiante, levada por uma certa perversidade ou um amor ao paradoxo, eu gostaria de apresentar aqui...

... Um elogio à incompreensão

Uma jovem chique, deslumbrada com a beleza dos caracteres chineses, tatuou em sua nuca uma frase espetacular e cuidadosamente caligrafada que devia surpreender quem falasse chinês, dado que advertia a todos: "Não congelar novamente!".

Isso ilustra uma espécie de inocência que pode parecer primitiva ou patética só a quem olhar de cima e com uma superioridade vaidosa. Mas situações desse tipo costumam provocar um sorriso benevolente porque sabemos que cada um de nós já revelou, em alguma situação, uma espécie de incompreensão, ou seja, inadequação às circunstâncias. A incompreensão significa solidão, bem como um tipo de distância que acompanha o desconhecimento do contexto. É uma forma da introversão mais básica e embaraçosa, já que temos vergonha de não entendermos algo. Na nossa cultura, a educação é orientada para a compreensão que nos permite controlar o mundo. Uma pessoa que não compreende é privada da possibilidade de exercer controle.

No entanto, há momentos, sobretudo durante viagens para lugares distantes, em que a incompreensão se torna uma experiência libertadora. Chegamos a um lugar totalmente desconhecido, onde tudo parece outro, novo, inconcebível. Os cheiros são chocantes, as cores têm matizes e intensidades diferentes, respiramos outro ar, a temperatura nos surpreende. A linguagem corporal das pessoas que encontramos nos confunde, o idioma parece inescrutável, e o alfabeto se afigura um conjunto de plantinhas importadas em um canteiro exótico.

Após um instintivo ataque de pânico, nossa respiração vai se normalizando e o cérebro começa a funcionar intensamente para reconhecer, na nova realidade, fragmentos que possam servir como estímulos. Com eles, como um motor gasto, a nossa mente pode voltar a pegar. Dos dados caóticos, ela pesca com alívio a palavra "bike" ou o nome de uma empresa internacional, resgatando a convicção de que ainda estamos no mesmo mundo, embora em uma variante diferente.

Tendo se esforçado, em vão, para buscar um sentido, identificar caracteres recorrentes e os associar com alguma situação, depois de alguns dias o cérebro se acalma, ou talvez mesmo sucumba perante à vastidão dos estímulos incompreensíveis e entre em um estado parecido com a meditação. Deixa de apreender os signos como suportes de informação e passa a contemplá-los como padrões estéticos, algo orgânico, natural, enquanto forma sem nenhum sentido que lhe possa ser atribuído. É esse, de fato, o nosso primeiro instinto quando vemos a natureza: nós a enxergamos como um comunicado isento de significado. A partir daí, as propagandas param de persuadir, tornando-se manchas coloridas dispostas em enormes banners, os letreiros parecem ornamentos das portas de entrada e os bilhetes se afiguram pedaços de papelão que não querem continuar em branco... A fala humana na boca dos transeuntes soa como um canto de pássaro: é possível escutá-la captando determinados sons, mas sem descobrir seu sentido. Pode-se observar o movimento dos lábios, as contrações dos músculos do rosto, a dança das sobrancelhas, o mexer das bochechas — tanta coisa no meio de sons esquisitos. É bom acompanhar também os movimentos das mãos e do corpo inteiro. Alguns deles, como acenar com a cabeça ou sorrir, parecem familiares, enquanto outros, como passar a mão em frente do rosto ou jogar a cabeça para trás, não nos dizem nada. Cada um desses gestos, porém, seja conhecido ou estranho, exige uma tradução e implica armadilhas, podendo exprimir tanto aversão quanto simpatia, aprovação ou rejeição.

Uma viagem tão longa deve ser sempre um exercício de alteridade. O fato de não conhecermos o idioma faz com que as costuras toscas da visão ilusória do mundo como domesticado e sujeito ao nosso controle se tornem mais visíveis, e nós e o nosso olhar ganhemos certa distância, percorrendo como fantasmas as camadas dos signos e convenções. Entregamo-nos ao acaso e às maravilhosas coincidências e seguimos nossas fantasias quando escolhemos no cardápio um prato com base em uma sequência de letras inescrutáveis que nos parecia familiar.

Foi o que aconteceu comigo, há pouco tempo, durante uma viagem à Romênia, quando em um bar que servia taxistas pedi um prato cujo nome parecia muito familiar: "zamă de cocoş şi tăiţei de casă". Meu cérebro vegetariano, faminto e impaciente, se precipitou em associar essas palavras com uma sopa tailandesa à base de leite de coco. Descobri, porém, que o efeito do seu processamento apressado foi péssimo. A garçonete trouxe um caldo de galo caipira com macarrão caseiro.

Esse estranho estado da mente é, no fundo, um estado criativo. Ele mobiliza a mente para um funcionamento intensivo, forçando-a a utilizar todo o capital do conhecimento, experiência e intuição acumulado ao longo dos anos. Despertada dessa forma, a imaginação se torna igualmente um grande colaborador e um inimigo traiçoeiro.

Acho que cada um deve vivenciar aquele maravilhoso estado de inocência, um estado anterior à compreensão, quando não existem ainda todas as redes, nexos, relações e associações que mantêm a nossa experiência da realidade sob controle e nos dão a ilusão de que o mundo é algo relativamente estável e regido por leis inalteráveis e repetitivas, sendo possível confiar nele. Ao mesmo tempo, esse estado nos mostra claramente que podem existir mundos baseados em regras diferentes das nossas, e que isso não os torna nem melhores nem piores. A nossa ordem é uma de muitas e o nosso conforto vem do fato de que estamos acostumados com ele.

A tradução como salvação

Há uma bonita história que os tradutores devem guardar no seu dossiê mitológico. Ela comprova que foram eles que salvaram o mundo civilizado.

Depois da queda do Império Romano, parecia que todo o acervo intelectual da Antiguidade iria desaparecer sob a pressão dos bárbaros que saqueavam a Europa. De fato, grande parte foi perdida para sempre. O fato de que muito foi salvo se deve consideravelmente aos califas da dinastia abássida, que reinavam, desde o século VIII, nos vastos territórios que incluíam o Mediterrâneo e o Oriente Médio. Na capital desse país, Bagdá, foi fundada uma enorme academia especializada em tradução. Na famosa Casa da Sabedoria (Bajt al-Hikma), um grande número de tradutores vertia para a língua árabe quase tudo das terras do Império que lhe caía em mãos. Os árabes começaram com os gregos — Arquimedes, Teofrasto, Ptolomeu, Hipócrates, Euclides, mas sobretudo Aristóteles. Interessavam-se por trabalhos científicos: geografia, astronomia, medicina, mas também astrologia e magia. No entanto, traduziam não apenas do grego, ocupando-se também das obras provenientes do Egito, da Índia e da Pérsia. Não se sentiam atraídos pelos estudos históricos nem pela poesia. Não lhes interessava nem Heródoto, nem Tucídides, nem Homero, nem Aristófanes. Já que não traduziam obras dramáticas, muitas se perderam para sempre. Os habitantes pragmáticos do Oriente preferiam dedicar-se à linguística, à gramática ou à estilística. Provavelmente pretendiam criar suas próprias e ainda melhores obras de arte. De qualquer modo, enquanto o mundo antigo ia se reduzindo a fumaça e cheiro de queimado nos primeiros séculos da Idade Média na Europa, os textos mais importantes da civilização decadente hibernavam, como as vacas de Apolo, em outra língua nas prateleiras das bibliotecas de Bagdá e árabes em geral. Tudo isso em um dos períodos, como sabemos, mais sombrios na história da nossa parte do mundo, quando as guerras internas e as migrações das tribos do norte arrasavam cidades e destruíam lavouras enquanto a violência e as doenças matavam pessoas. Não era um tempo para bibliotecas.

 Os mecanismos da história agem devagar e conforme regras que ninguém mais conhece. No século XII, as circunstâncias mudaram e uma situação parecida com a que acabo de descrever aconteceu do outro lado do mar Mediterrâneo. Foi naquele período que a Reconquista, ou seja, a luta armada dos cristãos para expulsar os mouros da Península Ibérica, acelerou muito. Isso coincidiu, como se sabe, com a época das Cruzadas e das histórias do resgate da Terra Santa e das riquezas árabes no Oriente Médio, narradas por pregadores que inflamavam a imaginação. Os árabes, sendo expulsos da Europa cada vez com mais força e empurrados para o sul do que hoje é a Espanha, deixavam cidades ricas e belas, uma música incrível e uma cultura extremamente desenvolvida. E bibliotecas. Os exércitos dos conquistadores eram seguidos por monges e Povos do Livro que não se animavam com nada além de manuscritos em rolos e códices. Agora, ao contrário do que acontecera em Bagdá, procuravam-se tradutores do árabe para as línguas cristãs.

Após a Reconquista, o arcebispo de Toledo fundou a famosa escola de tradutores, cujos membros, tal como arqueólogos, foram recuperando obras para o Ocidente. Era frequente verterem textos do árabe para o castelhano e só depois do castelhano para o latim. Os novos tradutores não gostavam da língua latina, que lhes parecia um idioma profundamente apodrecido, corroído, como os aquedutos do decaído Império Romano. Muitos anos se passaram até que a escola de Toledo formasse tradutores eficazes e idôneos. Eu sei que provavelmente será difícil recordar todos esses sábios, não só de Toledo, mas ruas de cidades europeias deveriam ser nomeadas em sua homenagem: Domingo Gundissalvo (Dominicus Gundissalinus), Adelardo de Bath, Robert de Chester, Alfredo de Sareshel, Daniel de Morley, Gerardo de Cremona, Plato de Tivoli, Burgundio de Pisa, Tiago de Veneza, Eugênio de Palermo, Miguel Escoto, Hermano Alemão, Guilherme de Moerbeke, Abraão bar Hia. Antes que esses grandes homens produzissem suas traduções, o Ocidente conhecia apenas as obras de lógica de Aristóteles e só um texto de Porfírio, só um de Platão (*Timeu*), e uma meia dúzia de outras obras gregas, no máximo. Portanto, a tradução de todo o legado aristotélico, junto com comentários da

Antiguidade, bizantinos e islâmicos, bem como centenas de outros livros gregos e árabes, constituiu uma reviravolta na ciência e na filologia medieval. Foi uma revolução, depois da qual a civilização ocidental começou a se recuperar. Podemos só imaginar o tamanho daquela tarefa. A língua árabe é extremamente flexível e possui um enorme número de sinônimos. Diz-se que a palavra "cobra" tem até quinhentos! Em um idioma assim, o sentido é, às vezes, ambivalente e dependente do contexto. Os tradutores faziam o melhor possível para lidar com isso. Frequentemente, quando não conheciam determinado conceito ou não conseguiam achá-lo nos seus preciosos dicionários, que compilavam e emprestavam uns aos outros, escreviam a palavra na sua forma árabe, mas com caracteres latinos. Assim, traziam de modo involuntário — como navegantes que levavam, como passageiros clandestinos, sementes de plantas de outros continentes — conceitos desconhecidos até então no Ocidente. Por exemplo: açafrão, alambique, alaúde, alcachofra, álcali, álgebra, algoritmo, azul, bórax, café, cânfora, cifra, elixir, jasmim, nadir, resma, talco, zênite, zero, zircão e centenas de outras palavras. Uma abundância inesperada — mas lembremos que o deus da riqueza também é Hermes.

A tradução como enxerto

Uma vez me encontrei com uma amiga francesa que é escritora. Estávamos tomando café e conversando sobre nossos livros preferidos. Recomendávamos aqueles que nos tinham de fato impressionado e trocávamos observações sobre os que, sendo amplamente admirados no mundo, podiam despertar em nós emoções parecidas. Eu lhe disse que encontrava um enorme prazer na leitura de Montaigne, sublinhando ainda que não se tratava de uma leitura única, do início ao fim, mas que eu gostava de voltar aos seus escritos, abrindo um volume ao acaso em busca do simples prazer de acompanhar o raciocínio do autor e a clareza do seu pensamento. Minha amiga ficou muito surpresa e, desconfiada, perguntou se eu lia Montaigne em francês. Respondi que o lia em polonês, aceitando a mediação do tradutor como algo óbvio.

Foi quando minha amiga me revelou que para ela, como para a maioria dos franceses contemporâneos, a leitura de Montaigne na língua materna é um tormento. O francês dele é antigo, arcaico, e é preciso muita concentração para entender o que escreveu. Não é comum sentir prazer nisso nem apreciar a naturalidade do seu estilo. Trechos dos *Ensaios* são lidos na escola tal como, na Polônia, as obras de Rej* — com atenção, mas também com certa dificuldade. Assim descobrimos, por acaso, um paradoxo: surpreendentemente, graças à mediação do tradutor, tenho mais acesso ao escritor quinhentista do que a minha amiga, que pode ler suas obras no original! As palavras envelheceram, mas o tradutor as rejuvenesce: brotos novos surgem a partir dos antigos. A tradução não é, portanto, uma mera translação de uma língua para outra e de uma cultura para outra, mas também se assemelha a uma técnica de horticultura que consiste na inserção da parte de uma planta em outra planta para que aquela possa se desenvolver, adquirindo forças novas e se tornando efetivamente um ramo integral.

Aliás, Hermes, para além de ter inventado as palavras, os dicionários, os algarismos, a astronomia, a música e a lira, ensinou aos humanos como cultivar e nutrir oliveiras.

---

* Mikołaj Rej (1505-69), escritor renascentista polonês, considerado um dos fundadores da literatura nacional, autor de obras marcadas, em sua maioria, pelo didatismo e moralismo. [N. T.]

A minha geração — e creio que outras também — conhece os clássicos da literatura francesa através das traduções de Tadeusz Boy-Żeleński.* O mais ativo e diligente tradutor polonês tinha, por um lado, uma personalidade forte e marcante, mas, por outro, sempre conseguiu achar uma variedade da língua polonesa que correspondesse à ordem e às exigências do francês de determinada época. Então, quando leio Montaigne, leio-o através da mente de Boy-Żeleński. Cada frase do livro ficou por um instante, ou mais, na mente dele antes de ser passada ao papel e perpetuada com a impressão. Acho, portanto, que é seguro afirmar que conheço a literatura francesa tal como ela foi vivenciada e entendida pelo tradutor. Ele está em cada frase. Pergunto-me o que Montaigne teria a dizer sobre isso.

Trapaceiro

Hermes é também um trapaceiro. Ninguém sabe enganar e mentir como ele.

Há algum tempo, quando eu estava trabalhando no meu novo livro, me debrucei muito sobre os textos gravados em tabuletas com escrita cuneiforme. Fui à Síria. Naquele tempo, ninguém sequer imaginava que poucos anos depois eclodiria naquele país uma das guerras mais sangrentas e cruéis da história contemporânea, que também seria lembrada como uma das primeiras guerras climáticas do nosso tempo. Damasco ainda parecia um oásis tranquilo que abrigava uma sociedade

---

* Tadeusz Żeleński, pseudônimo "Boy" (1874-1941), tradutor, crítico, poeta, ensaísta e ativista polonês, uma das figuras fundamentais para o conhecimento do cânone da literatura e da filosofia francesas na Polônia, tendo traduzido obras de Balzac, Chateaubriand, Descartes, Diderot, Gide, Molière, Montaigne, Montesquieu, Pascal, Proust, Rabelais, Racine, Stendhal e Villon, entre outros autores. [N.T.]

caracterizada por uma diversidade étnica e religiosa que vivia em harmonia, partilhando ruas e bairros da cidade populosa graciosamente, tal como se cobre o piso com um tapete de cores e formatos diferentes.

Imediatamente me dirigi a um museu que, como eu sabia, possuía um acervo incrível de artefatos relacionados com divindades femininas. Fazia muito calor e a cidade estava coberta por um pó de cor creme que penetrava até as salas dos museus. O prédio, meio vazio, um pouco empoeirado, se revelou um verdadeiro tesouro. Em muitas salas, vitrines e corredores havia dezenas de milhares de objetos, e eu logo fui reconhecendo aqueles sobre os quais eu queria saber o máximo possível. Com um olhar voraz, examinei-os com impaciência, porque me informaram que era possível tirar fotos, como se a perpetuação da imagem prejudicasse sua autenticidade. Infelizmente, fiquei desolada ao descobrir que naquele museu a maioria das explicações ou informações de qualquer tipo era apresentada em árabe.

A poeira onipresente evidenciava uma ameaça do esquecimento que pairava sobre tudo. Afoita, fui em busca de um tradutor e, afinal, abordei um funcionário do museu que estava quase saindo para almoçar, mas consentiu, embora meio a contragosto, em traduzir para o inglês as descrições das peças. Ele começava cada frase com: *"Here is written..."* ["Aqui está escrito..."], distanciando-se das informações que compartilhava comigo, como se sua ignorância fosse uma virtude a ser protegida. Ou como se percebesse que, ao fazer aquilo, transmitia para mim uma versão do conhecimento marcada pela ideologia e mistificação presentes nas descrições dos objetos elaboradas por outra pessoa. De fato, por alguma razão (política, religiosa), todas as figuras, sobretudo as representações das deusas antigas do Oriente Médio, eram apresentadas ora como imagens femininas comuns, ora como brinquedos ou bonecas infantis.

Não tive (e provavelmente nunca mais terei) a oportunidade de verificar se as plaquinhas empoeiradas e amareladas diziam de fato tais coisas, ou se aquele funcionário faminto praticava sua própria vertente de estudos religiosos.

Infelizmente, muitas das mais antigas histórias registradas nas tabuletas, na escrita cuneiforme, foram guardadas apenas como traduções para várias línguas, inclusive as menores. Escavações desordenadas, uma situação política tensa ou um conflito aberto levaram com frequência ao caos. Conhecem-se casos em que dezenas de tabuletas com o mesmo texto foram divididas entre vários museus no mundo. Estamos, então, perante uma situação que evoca um quebra-cabeça: os mais antigos textos da humanidade se espalharam pelo globo terrestre, tendo escapado das areias do deserto onde foram encontrados. Ao serem estudados e traduzidos para vários idiomas, criaram um múltiplo diálogo linguístico, oferecendo numerosas versões da mesma narrativa, urdida a ritmos variados e em dialetos diversos, e a cada vez sob um céu diferente. É também assim que opera o grande Hermes — espalhando ideias e histórias pelo mundo inteiro.

Partilha com o tradutor

Nos últimos tempos, quando apresento meus livros publicados no exterior, tenho ficado lado a lado com uma tradutora ou um tradutor.

Não sei como exprimir a sensação de alívio que surge quando se pode dividir com alguém sua própria autoria. Fico feliz por poder me livrar, pelo menos parcialmente, da responsabilidade pelo texto que recaía, até então, apenas sobre mim, para o bem ou para o mal. Por não ter que enfrentar mais sozinha um crítico furioso, uma resenhista caprichosa, um jornalista sem gosto literário ou um moderador arrogante e seguro de si. Sinto um verdadeiro prazer sabendo que nem todas as perguntas serão dirigidas a mim e que não é só a mim que pertence tudo naquele objeto composto de folhas impressas. Acho que muitas pessoas que escrevem compartilham comigo essa sensação de alívio.

O mais surpreendente, porém, é quando a presença dos tradutores abre esferas antes inconcebíveis para mim. A despeito de mim, ele ou ela discute assuntos que, da minha perspectiva, são menos compreensíveis, estranhos ou até mesmo misteriosos. O texto se livra de mim, ou melhor, eu é que voo para longe dele. Ele ganha certa autonomia, como um jovem revoltado que decide fugir de casa para o festival Woodstock. A tradutora o pega seguramente em seus braços, mostra-o ao mundo de outros ângulos, defende-o, responde por ele. Que alegria! Os tradutores livram a nós, pessoas que escrevem, da profunda solidão inerente à nossa profissão, em que passamos horas, dias, meses, ou até anos inteiros no universo dos nossos pensamentos, diálogos internos e visões. Os tradutores vêm de fora e dizem: eu também estive aí, segui suas pegadas, e agora vamos juntos atravessar a fronteira. Neste caso, o tradutor literalmente se torna um Hermes, segurando-me pela mão e permitindo transpor a fronteira de um país, uma língua, uma cultura.

Se Hermes nos dá uma linguagem, dá a cada um sua própria

A literatura enquanto ato de comunicação começa quando assinamos o texto com nosso nome e sobrenome, apresentando-nos como autores e autoras que exprimem com palavras nossas experiências mais profundas, intensas e únicas. Ao mesmo tempo, corremos o risco de que nossas vivências se revelem incompreensíveis, sejam ignoradas ou, pelo contrário, suscitem fúria ou profundo desdém. A literatura constitui, portanto, um momento singular, no qual a linguagem mais individual, irreprodutível e própria encontra as linguagens de outras pessoas. A literatura é um espaço em que o privado se torna público.

Presume-se que o primeiro ser humano a assinar o próprio texto literário, passando a ser a primeira pessoa que escreve, foi Enheduana, sacerdotisa acádia da deusa Inana. Nos tempos sombrios de desassossego social e de lutas brutais pelo poder, foi ela, cheia de decepção e incerteza, que escreveu o *Hino a Inana*, uma queixa muito comovente de uma pessoa que se vê abandonada por sua deusa. Graças à tradução, que, por sua natureza, torna o texto mais próximo da linguagem contemporânea, ele pode ser perfeitamente compreendido e vivenciado pelo leitor de hoje, dado que transmite uma experiência profunda e íntima que atravessa o tempo e se mantém universal. Essa expressão dramática e muito pessoal do desespero, abandono, solidão e decepção, escrita há quase 4500 anos (!), pode ser vivida intensamente, hoje, por alguém que existe em um mundo em tudo diferente, quando as línguas oficiais daquela época já há muito tempo (e literalmente) se desfizeram em pó.

A linguagem privada vai se formando ao longo da nossa vida como resultado de vários fatores conjugados: a linguagem herdada dos pais, as linguagens do ambiente em que vivemos, as leituras, a escola e a individualidade singular e própria de cada ser humano. Às vezes, é uma linguagem íntima que se usa para conversar consigo mesmo e que nem sempre é registrada, já que nem todos têm o hábito de anotar seus pensamentos, escrever um diário ou criar textos. Trata-se, porém, de algo tão único como impressões digitais que permitem identificar o indivíduo.

Penso que a cultura é um complexo processo da manutenção de um equilíbrio entre as linguagens privadas e coletivas. As linguagens coletivas são caminhos traçados e muito percorridos, ao passo que as individuais funcionam como trilhas singulares. As coletivas são meios de comunicação negociados e compartilhados pela sociedade, orientados para o máximo da compreensão, mas sobretudo para a transmissão do conteúdo que ajuda na construção de uma imagem semelhante ou idêntica do real. Nessa realidade comum, as palavras se referem a fenômenos e objetos concretos, existentes ou imaginários. Assim, a linguagem comum e a imagem do real se reforçam reciprocamente. É um paradoxo que, com o tempo, comecemos a enxergar a estreita interdependência entre a linguagem coletiva e a imagem da realidade como armadilha em que a linguagem determina a realidade, e a realidade determina a linguagem. Os melhores exemplos disso serão as sociedades fechadas, totalitárias, nas quais a mídia, controlada pelo poder, insiste na difusão de um real postulado, previsível e devidamente nomeado. A linguagem coletiva serve para a manutenção de determinada visão política, sendo utilizada, de modo consciente e cínico, pela propaganda político-ideológica. Nessas circunstâncias, a comunicação atrofia, ou se torna até impossível. É um ato de coragem evocar uma palavra ou um conceito de fora do sistema ou pronunciar uma verdade óbvia que, dentro do sistema, é considerada inaceitável. Em consequência, costuma surgir um circuito de comunicação paralelo — e não é porque desperte alguma revolta oposicionista, mas antes devido a uma necessidade social, sem a qual a coletividade sofre erosão. Esse circuito paralelo não se reduz a editoras clandestinas, mas inclui também piadas, meias-palavras, códigos, ironia e fenômenos afins. No círculo dos seguidores, por sua vez, a linguagem coletiva vai se tornando tão óbvia com o tempo que passa a ser usada de forma cada vez mais irrefletida, as palavras perdem seus significados e os contextos parecem demasiadamente esquemáticos e gastos para poderem exercer influência criativa. A linguagem se transforma em mera baboseira, deixando de comunicar qualquer coisa e se tornando um ritual, um lema repetido aos gritos. Tendo perdido os seus contornos, os conceitos podem servir apenas para vociferar na praça.

Tanto a história quanto os tempos atuais nos ensinam que a criação das linguagens coletivas assim politizadas implica roubos, desapropriações e sequestros de palavras. Vocábulos neutros, às vezes um pouco obsoletos e arcaicos do ponto de vista da semântica, recuperados de repente do esquecimento ou demasiadamente expostos, passam a fazer parte das bandeiras e das agendas políticas. Foi o que aconteceu, por exemplo, com "nação". Acontece que esse conceito, privado do seu contexto histórico e devidamente espanado, pode servir perfeitamente para a construção de uma nova ordem do mundo. Ele fica apropriado com tanta força que até as pessoas que não se consideram seguidores da nova ordem já não podem usar esta palavra aparentemente inocente porque, carregada de novos significados, ela se tornou perigosa.

É óbvio que a linguagem coletiva tem que existir para que consigamos nos comunicar em uma realidade continuamente negociada. Tem que existir uma dimensão linguística da comunicação social. Às vezes, até as mais simples construções fraseológicas e expressões idiomáticas dão uma sensação de familiaridade e comunidade.

A luta pela imposição da linguagem coletiva continua não apenas nos parlamentos e nas televisões, mas também nas universidades. É a partir delas que se espalham ondas de modismos intelectuais que costumam criar seu próprio idioleto coletivo. A sua implementação demora um pouco, mas, passados alguns anos, quando a linguagem é adotada, ela serve não apenas para esboçar determinada visão do mundo, mas também para criar alianças, para exclusão do grupo ou inclusão de alguém. Cada geração — hoje, talvez, cada década — possui uma linguagem distinta para descrever o mundo. Ao mesmo tempo, essa linguagem segue, muitas vezes, totalmente inconsciente da sua efemeridade e das limitações que lhe permitem articular só aquilo que está dentro de seus limites.

Não há doença pior do que aquela que faz a pessoa perder sua linguagem individual e assumir por completo a linguagem coletiva. É um mal de que sofrem funcionários públicos, políticos, acadêmicos e também padres. E a única espécie de terapia disponível é a literatura. O contato íntimo com as linguagens de pessoas criativas funciona como vacina contra a visão do mundo criada provisoriamente e tratada de modo instrumental. Esse é um poderoso argumento em favor da leitura de literatura (também clássica), porque a literatura mostra que antigamente as linguagens coletivas funcionavam de forma diferente e levavam, em consequência, à criação de outras visões de mundo. Por isso, vale a pena ler para perceber essas outras visões e se assegurar de que o nosso mundo é um de vários mundos possíveis e com certeza não nos foi dado de uma vez por todas.

As tradutoras e os tradutores assumem a mesma responsabilidade que recai sobre as escritoras e os escritores. Tanto estas como aquelas guardam um dos fenômenos mais significativos da civilização humana: a possibilidade de comunicar a experiência mais íntima e única do indivíduo a outras pessoas e de coletivizá-la no maravilhoso ato da criação da cultura. O seu padroeiro é Hermes enquanto deus da comunicação, integração e estabelecimento das relações.

Koinós Hermes! Viva a comunidade de Hermes!

Dedo no sal, ou uma breve história das minhas leituras

Em *Manuscrito encontrado em Saragoça*, Jan Potocki criou um diálogo significativo entre comensais sentados em uma mesa. Um deles, Apolônio, se dirige aos outros:

— Alguma vez viram os jardins de Tântalo que existem não existindo?
— Nós os vimos em Homero — responderam —, já que nunca descemos ao inferno.

"Ver os jardins de Tântalo em Homero", "assistir às guerras napoleônicas em Tolstói", "caçar baleias em Melville", "ser um amante infeliz em Prus"* — serão, talvez, as expressões mais lacônicas, e ao mesmo tempo mais acertadas, daquilo que a literatura faz conosco. A literatura, ao criar mundos de surpreendente condição ontológica, nos faz ir além de nós mesmos e permite que participemos de uma experiência que, caso contrário, não seria acessível para nós. Pensando bem, a maior parte de nossos conhecimentos, vivências, preferências, paixões e emoções tem ligação direta com os livros que lemos. Tratamos personagens literários como pessoas próximas, cuja

---

* Bolesław Prus (1847-1912), pseudônimo do escritor Aleksander Głowacki, representante do realismo e uma das figuras mais importantes da literatura polonesa. O seu romance intitulado *Lalka* [Boneca] se concentra na história de um amor infeliz entre um comerciante rico, Stanisław Wokulski, e uma aristocrata, Izabela Łęcka. [N.T.]

existência é perfeitamente real. Ficamos apegados a eles, nos comparamos com eles e alguns deles conseguem mudar a nossa vida.

Entre todas as espécies, apenas o ser humano adquiriu a misteriosa capacidade de ler, ou seja, abandonar a realidade que lhe foi dada, embora só mental e temporariamente. A cada vez que abrimos um livro, entre o olho e a superfície do papel acontece um milagre, algo de fato incrível. Vemos sequências de letras, mas quando as percorremos com a visão, nosso cérebro as transforma em imagens, pensamentos, cheiros, vozes. Não se trata apenas do fato de informações concretas serem decodificadas a partir de signos simples, porque até um computador saberia fazer isso. Antes, é uma questão de paisagens, aromas e sons que esses signos são capazes de emanar. Da possibilidade de comunicar a outra pessoa as experiências mais sutis e complexas. Da possibilidade de abrir, perante os seus olhos, uma vida alheia na sua integridade, em grau maior do que no caso de uma pessoa que de fato existe. Como isso acontece? Acho que nenhum psicólogo conseguiu explicar inteiramente o milagre da leitura. É um milagre comum porque ocorre, a cada segundo, em vários lugares no mundo inteiro — um milagre que eu mesma conheço muito bem, já que sou sobretudo uma leitora, e só depois uma escritora.

Por enquanto, os psicólogos determinaram que a capacidade de uma leitura efetiva constitui um sintoma da saúde mental. A leitura é efetiva, por sua vez, quando envolve a compreensão e a vivência daquilo que se lê. Não lemos nos momentos da agitação ou estresse. As pessoas que sofrem de psicoses perdem essa capacidade quase por completo. A leitura é, portanto, o privilégio de uma mente saudável e equilibrada.

Uma condição para a leitura é o domínio prévio da capacidade de usar a linguagem humana. A aquisição da fala constitui um processo complexo da iniciação neuronal até cerca de cinco anos de idade. Se nesse período deixássemos uma criança em um ambiente em que não se comunicasse com palavras, ela nunca aprenderia a falar. Seria como as crianças selvagens encontradas na floresta, criadas sem humanos, que rosnam e uivam, e que foram sujeitas às tentativas desesperadas e fracassadas do ensino da linguagem humana.

Creio que um processo iniciático semelhante acontece também na leitura literária — um tipo especial de leitura de que estou falando aqui. Se um indivíduo não tiver sentido aquele prazer quase erótico decorrente da leitura entre, digamos, nove e dezesseis anos, nunca se tornará um autêntico leitor. É claro que ele saberá ler jornais e livros, entenderá seu conteúdo, aprenderá com eles, poderá até se tornar um pesquisador, um especialista em determinada área. Aliás, é possível que seja um crítico literário! Essa pessoa, porém, nunca conseguirá viver de fato aquilo que lê, embrenhando-se em um romance ou um conto, tratando o mundo ficcional como a realidade mais real. Como uma leitora de *Nova Heloísa*, de Jean-Jacques Rousseau, que escreveu em uma carta para o marido: "Acabo de reler *Nova Heloísa* pela quarta ou quinta vez e ainda tenho a impressão de que trato os personagens do romance como se fossem pessoas de verdade".

Essa iniciação é um período extremamente delicado, propiciado pela juventude do corpo e da mente, pela sensibilidade e pela suscetibilidade da psique a qualquer arranhão. Se o cérebro aprender a extrair música e imagens das cadeias de letras impressas no papel, essa aptidão ficará com ele para sempre, embora vá enfraquecendo com o tempo.

Porque eu também acho que com a idade perdemos a maravilhosa capacidade de absorção que costumava determinar nossa percepção do mundo ficcional. Em alguns casos isso acontece mais cedo, em outros mais tarde, mas não faltam exemplos (e eu tenho inveja deles) daqueles que mantêm essa capacidade quase até o fim. É por isso que penso, comovida, nos idosos que antes de dormir, ou durante noites de insônia cada vez mais frequentes, ainda conseguem mergulhar em uma narrativa.

Bem, ousemos dizer a verdade: as mulheres aguentam mais tempo. Não sei se isso se deve a algumas diferenças na estrutura do cérebro, das quais procuram nos convencer ansiosamente os sociobiólogos, ou é motivado antes por questões culturais, mas é um fato indiscutível que as meninas leem mais desde o início, e mais tarde, já como senhoras idosas, se mantêm fiéis à palavra escrita.

O mais frequente é que, com a idade, venha uma espécie de autismo. Deixamos de mostrar interesse por romances, começamos a perder a paciência para descrições, achamos que mais coisas dignas da nossa atenção estão em biografias e monografias e que *fatos* são mais interessantes do que imagens ou diálogos. Entregamo-nos ao culto dos fatos, mesmo que eles sejam falsificados por jornalistas ávidos de sensação. Veneramos notas de rodapé, acreditando que remetem à verdade. Afinal, acabamos por pensar que o romance mente, finge, que é uma diversão fútil e não serve para nada. É naquele momento que fazemos aos autores esta pergunta tola: até que ponto os eventos narrados são verdadeiros?

E isso é o fim...

Porque quando fazemos essa pergunta, significa que perdemos a capacidade de inventar mundos, de equilibrarmos, na fronteira entre o que é e o que poderia ser, o que ainda não aconteceu e não existe. Perdemos uma parte extremamente importante e criativa da nossa psique, uma parte viva como mercúrio, um elemento mercurial que, sendo uma capacidade profundamente humana, nos deixa inventar mundos alternativos e viver a vida de outras pessoas. Ele nos permite criar um futuro e testá-lo, faz com que nos comuniquemos do modo mais perfeito com o outro, ensina a empatia e mostra como somos parecidos e diferentes ao mesmo tempo. As pessoas que leem romances são de certa forma "maiores", a sua consciência é mais ampla, dado que, por um instante que seja, vivem vidas de outras pessoas.

Apesar do que diz um velho mito, a literatura não é um assunto de musas, aquelas diligentes cuidadoras e administradoras das ciências e artes. A literatura, como muitas outras coisas, foi inventada por Hermes.

Hermes inventou a literatura quando mentiu pela primeira vez. Quando ele e seu irmão Apolo — de quem Hermes, nascido no dia anterior, roubou cinquenta vacas — enfrentam o julgamento do pai deles, Zeus, Hermes, em vez de assumir a culpa, inventa uma versão dos acontecimentos completamente diferente. O autor do *Hino homérico a Hermes* evoca o seu discurso da defesa: "Pai Zeus, sou eu que vou dizer-te a verdade: é que eu sou sincero e não sei contar mentiras".* Logo em seguida Hermes mente. A insolência do menino, porém, faz com que os deuses desatem a rir. Toda a situação é engraçada, embora a sinceridade, da qual os deuses se orgulharam até então, fique abalada.

Hermes inventa, portanto, outras versões de acontecimentos, não necessariamente factuais, mas algumas que poderiam ter ocorrido. A elas chamamos, de modo meio grosseiro, "mentiras", ainda que mais adequado seja o substantivo "confabulação", *confabulatio*, que através do particípio *confabulatus* vem do verbo latino *confabulari*, que significa "conversar, trocar ideias", sendo uma justaposição de *con-*, oriundo da preposição *cum* ("com, em conjunto") e *fabulari* ("falar, contar

---

* Maria Celeste C. Dezotti; Sílvia M. S. de Carvalho, "Hermes, trickster e mensageiro dos deuses". In: Wilson A. Ribeiro Jr. (Org.), *Hinos homéricos: Tradução, notas e estudo*. São Paulo: Editora Unesp, 2010, p. 434. [N.T.]

histórias"), decorrente do substantivo *fabula*. Ele designa a ação de contar eventos imaginados acreditando na sua veracidade. Recorrendo à "confabulação" em vez da "mentira", podemos ver Hermes de um modo um pouco mais positivo. Na literatura, de fato, o que importa é a comunicação da totalidade da experiência, e não dos fatos. Ela é uma maneira de brincar de mundos e possibilidades, uma prestidigitação maravilhosa, capaz de tirar o fôlego, arrasar e anular nossas ordens meticulosas e pragmáticas, nossas divisões "daqui até aqui", o conteúdo das gavetas minuciosamente classificadas da nossa mente.

Hermes também inventou a escrita. É deus dos caminhos, dos viajantes, de comerciantes, ladrões e pastores. É padroeiro de todo tipo de inventor. Trabalha com diligência como mensageiro dos deuses. Acompanha os mortos até Hades. É mensageiro e embaixador. Deem uma olhada na internet, por favor, para verem quantos usos têm o nome grego de Hermes e a sua versão romana, Mercúrio, hoje, no século XXI.

Vão descobrir que ele se relaciona com diversos tipos de comunicação, escrita de cartas, preparação de diagramas, ordenação, marcação, transmissão. O seu domínio abrange também as esferas de tratamento, ensino e, finalmente, troca e comércio. Para além disso: engano, ilusão, prestidigitação singular, imitação zombeteira, humor e piada à toa. Hermes era chamado também "voyeur noturno". Oh, sim — sem o voyeurismo noturno não haveria literatura! Enfim, Hermes é guardião do segredo, e como Hermes Psicopompo ele nos conduz para a Outra Margem. Ele sabe alterar ordens, inverter a natureza delas, portanto como o Grande Alquimista ele protege toda transmutação.

Vejamos também os filhos peculiares de Hermes: Pã e Hermafrodito. Eles trazem à mente ainda outros domínios dele que sempre dizem respeito à literatura: seu enraizamento na mitologia mais antiga, nos primórdios da humanidade, quando os primeiros medos, ainda meio animalescos, mamíferos, e os primeiros sonhos humanos eram transformados em narrativas. Lembram também que, no sentido mais profundo, a literatura não tem gênero, ou seja, alcança as camadas da psique humana onde o dualismo de gênero não se aplica e o ser humano é uma criatura completa, indivisa, capaz de desfrutar plenamente sua totalidade.

Há quem diga que Hermes tem apenas três filhos: o mais velho, Pã, o *filhe* do meio que é Hermafrodito, e uma filha caçula — a Literatura.

Por isso, ao contrário do que pensam alguns acadêmicos, a literatura, e sobretudo o romance, pelo qual sinto o maior apego, deve ser uma arte não elitista, mas cotidiana e comum, fazendo parte da paisagem de estações, hotéis e bancas de revistas. Deve ter a sabedoria da vida nas ruas, evitando alardes dos estilistas e sabichões. O romance deve criar um mundo onde se possa entrar, algo como um cinema holográfico em que o espectador toma parte da projeção. Deve construir personagens e locais que tragam uma constante ilusão de que existem de verdade e, ademais, nós mesmos poderíamos ser eles e estar neles. Deve, como uma lanterna, iluminar com nitidez e clareza, mas sob um ângulo diferente, para que sob essa nova luz o conhecido se revele totalmente desconhecido, o óbvio — não óbvio, o domesticado — se mostre selvagem, o seguro — suspeito.

Acho que não há nenhum outro meio mais eficaz para deixar de ser si mesmo e por um instante viver como alguém que não se é todos os dias. É uma experiência fascinante e que traz alívio. Lendo, participamos da vida de uma outra pessoa e nos transformamos nela. Olhamos com seus olhos, percebemos o mundo com seus sentidos, pensamos como o personagem que vai nos arrastando atrás de si. Essa metamorfose é segura e não vicia com tanta força quanto as drogas. Uma mulher pode ser um homem. Um Jan Kowalski subitamente se torna Anna Kariênina, e uma Ola Tokarczuk, com apenas oito anos de idade, se transforma no capitão Nemo.

A individualidade e a identidade do leitor entram em confronto com a personalidade dos personagens. É impossível que isso não deixe nenhuma marca em um jovem. Tratamos os personagens literários com a mesma ingenuidade com que tratamos pessoas reais, com elas nutrimos nossas vidas e lamentamos que não possam levar nada de nós em troca. Seria uma tarefa interessante estudar de que modo e em que grau a literatura contribuiu para a formação da personalidade muito individualizada e autoconsciente do ser humano contemporâneo. Porque não há dúvida de que os livros nos modificam. Mas será que nós também mudamos os livros? Será que eles também aprendem algo de nós, mudam *porque os lemos*?

Há muitos anos pratico um exercício que retrata bem esse problema. Peguem um livro de que gostam muito ou, deixando-se levar pela intuição, de que possam gostar (se começarem a experiência quando jovens) e o leiam a cada oito ou dez anos. Vão descobrir o enorme segredo do texto: ele muda, é diferente do que foi na última leitura, cintila. Vocês vão se admirar de tanta surpresa. É muito provável que a cada vez leiam algo totalmente diverso do que antes e não consigam encontrar os personagens de que se lembram porque eles já mudaram no tempo que passou desde a última leitura. As discussões abordam tópicos diferentes e vocês ficam atraídos por outras coisas. Ficarão admirados ao descobrir que no livro aparecem figuras que antes não estavam ali, enquanto aquelas das quais vocês se recordam da última leitura ficam relegadas ao segundo plano, ou mesmo afastadas para mais longe.

Eu pratico isso com *A montanha mágica*. Na primeira vez, o romance me pareceu terrivelmente sério e triste. O pobre e ingênuo Castorp, dividido entre dois seres demoníacos, Naptha e Settembrini, fica ora de um lado, ora do outro lado da disputa. As suas conversas eram difíceis e exigentes, portanto, não é de estranhar que o dicionário fosse constantemente consultado. Ao mesmo tempo, eu tive a impressão de participar de um evento intelectualmente fundamental que ajudaria a dar forma à minha mente para sempre. Além disso, eu senti que a realidade em que aquela disputa era possível já tinha se perdido e que eu testemunhava sua queda no abismo.

A segunda leitura foi mais sensual, caseira, marcada por uma saudade tácita pelo mundo no qual se constroem frases longas, onde a regularidade nos põe em transe. Um jogo psicológico sutil, gestos, trejeitos, subterfúgios e olhares. Teorias que servem não para explicar o mundo, mas antes para construir a própria identidade, sempre cheias de motivações ocultas. E um erotismo que surge nos momentos menos esperados e que envolve todos e tudo como uma epidemia.

A leitura mais recente de *A montanha mágica*, feita há poucos anos, me divertiu muito, já que reparei inesperadamente na dimensão grotesca do romance. Castorp se transformou em um trapaceiro astuto com uma varinha de condão que em todos os lugares onde ele aparece cria, mesmo à nossa frente, um teatro de marionetes. Dessa vez, dei risadinhas, lendo o que dizem e como se exprimem aqueles senhores arrogantes, embora simpáticos (em especial Naptha, com o seu sobretudo completamente fechado). Será agora Castorp uma força demoníaca que desencadeia nos outros um desejo incessante de se pavonear e elaborar teorias sobre um assunto qualquer? Eles se desgastam em uma luta que nenhum pode ganhar porque é um combate imaginário. O nosso pobre Hans se revela um catalisador do panóptico em Davos. Quando ele vai embora, deixa todos como sombras faladoras e frenéticas.

Uma figura muito importante na história das minhas leituras foi meu pai, que trabalhou como bibliotecário. Ele foi uma espécie de rei que governava um reino de estantes dividido em províncias: Ficção Polonesa, Ficção Estrangeira, Poesia, Teatro... Em toda biblioteca em que ele trabalhou, sempre havia um aquário, dentro do qual nadavam peixinhos dourados e espadinhas, misteriosos e mudos guardiões das palavras.

Meu pai levava para o trabalho o nosso cachorro Filon, que se deitava entre as estantes. Eu tinha que prestar atenção para não pisar nele enquanto vasculhava o acervo. Foi ali, no chão entre as prateleiras, que eu aprendi a ler. Não sei precisar como isso aconteceu. Certo dia, os títulos nas lombadas simplesmente começaram a falar comigo, e de repente tudo ganhou significado, como se eu tivesse sido acometida de uma psicose misteriosa, ainda que benigna. Quando isso aconteceu? Não sei e ninguém tampouco se lembra. Comecei a ler rápida e efetivamente, sem nenhuma ajuda. Um dos meus primeiros livros favoritos foi um cancioneiro de guerrilha que me proporcionou comoções patéticas. Um verso da famosa música intitulada "Hoje não poderei te visitar", que dizia "os meus ossos se cobrirão de musgo", me abalou em particular e suscitou uma profunda ponderação. É muito provável que aquela tenha sido a minha primeira reflexão sobre a morte. A minha próxima leitura, já completamente diferente, foi a *Pequena enciclopédia universal*,* com capa encerada de cor verde, que li quando fiquei doente por mais tempo, embora eu pouco entendesse. Mas tanto no primeiro como no segundo caso o que importava não era a compreensão, mas antes o verdadeiro prazer da leitura que vem da composição

---

* *Mała encyklopedia powszechna* PWN, a primeira enciclopédia universal lançada na Polônia depois da Segunda Guerra Mundial, publicada em volume único pela Editora Científica do Estado (Państwowe Wydawnictwo Naukowe, conhecida como PWN). [N.T.]

mental dos signos e da sua transformação em imagens e conjecturas. Quem lê só para entender comete profanação. Lê-se para vivenciar, o que constitui uma forma mais profunda, mais completa da compreensão.

Primeiro, eu li fábulas, como toda criança. Em casa, tinha uma edição em dois volumes de *Fábulas polonesas* — difícil porque o livro era composto em caracteres pequenos e espaço simples, e os textos foram escritos por autores experientes. Dessa coletânea, a minha história predileta era "A flor de samambaia", de Jan Józef Kraszewski.* É uma narrativa que sempre me comoveu e me fez chorar, cuja mensagem simples — "não se pode estar feliz enquanto houver infelizes ao redor" — marcaria para sempre minha sensibilidade. Eu lia fábulas com prazer. Chorei sobre Andersen, sobretudo quando os protagonistas eram objetos. Espantei-me com os irmãos Grimm (eu tinha uma edição gasta publicada antes da Segunda Guerra), sentindo, inquieta, que as suas narrativas transgrediam uma fronteira sutil e lançavam um constante desafio ao meu raciocínio ainda limitado. Gostei dos contos folclóricos sobre espertos Joões e Ivans que, embora considerados idiotas por todos, afinal casavam com as princesas mais lindas do mundo.

Depois, na minha vida de leitora apareceu, meio despercebida, a mitologia. Um dos livros mais importantes, ou talvez mesmo o mais importante, da minha infância foi precisamente

---

* Józef Ignacy Kraszewski (1812-87), escritor, jornalista, historiador, editor, pintor e ativista. O conto "Kwiat paproci" [A flor de samambaia], baseado na mitologia eslava, apresenta a história de um jovem pobre que, na noite de São João, encontra uma flor mágica que lhe garante uma enorme felicidade e riqueza. Não podendo compartilhá-las com ninguém, o protagonista não consegue evitar que sua família morra na miséria. Devastado, o personagem pede que a terra se abra e o engula junto com a flor. [N.T.]

Mitologia, de Jan Parandowski.* Eu tive algumas edições. O primeiro exemplar — uma versão barata, de bolso — foi lido por mim tantas vezes que acabou se desfazendo em folhas avulsas. Eu já conhecia, porém, todas as histórias de cor, sabia tudo sobre os laços entre os deuses, os seus atributos e aventuras. Se fosse hoje, eu poderia ganhar um prêmio em um *game show*. Ao mesmo tempo, passei a me interessar por outras mitologias para além da grega. Descobri que o mundo inteiro está cheio de narrativas desse tipo — que muitas vezes são bastante parecidas. Fiquei particularmente fascinada por qualquer espécie de cosmogonia, os maravilhosos atos de criação que surgiam a partir de uma história, conflito, diálogo, luta ou amor. No início do mundo sempre houve uma narrativa.

Logo em seguida, o novo alvo do meu afeto foi Jules Verne. Imediatamente li tudo o que o meu pai tinha em sua biblioteca e passei a solicitar meu próprio acervo. Verne me atraía e repelia ao mesmo tempo. Não suportava o modo como ele tratava os mistérios. De fato, ele os acumulava só para explicá-los, afinal, recorrendo às indicações da razão. No início, isso me dava uma alegria epistemológica e curava meus medos infantis, mas depois começou a me irritar. Eu lia com animação até o momento em que o mistério era descoberto e os acontecimentos, explicados. No final, sempre sentia insatisfação e decepção.

Talvez tenha sido naquele período, quando lia os livros de Jules Verne, que nasceu em mim o desejo de escrever. De dar continuidade às aventuras de Lidenbrock ou Phileas Fogg, indo mais longe, até os horizontes mais amplos da

---

* *Mitologia: Wierzenia i podania Greków i Rzymian* [Mitologia: Crenças e lendas dos gregos e romanos], obra do escritor, ensaísta e tradutor Jan Parandowski (1895-1978), publicada em 1924. Em razão de uma linguagem acessível e um modo direto na apresentação dos elementos mais importantes da mitologia greco-romana, o volume se tornou uma obra de referência no ensino escolar da Polônia ao longo do século XX. [N. T.]

ambiguidade. De guardar os mistérios, não deixando que a lâmina cega e bruta do senso comum os perfurasse. O único personagem que de algum modo se opunha à Navalha de Ockham verniana era o capitão Nemo. O seu segredo, embora explicado, nunca se tornou claro para mim, razão pela qual o protagonista ficou gravado, é óbvio, no fundo da minha memória e se tornou alguém próximo, ainda que não completamente compreendido.

Do capitão Nemo passei naturalmente ao seu irmão espiritual e literário, o capitão Ahab, e segui rumo ao romance psicológico, no qual o mistério não vinha das ilhas desconhecidas nem do centro da Terra, mas antes dos espaços em branco e do interior da mente.

Acho que muitos leitores se lembram da avidez com a qual se devoravam aqueles enormes volumes cheios de descrições e diálogos, diversos personagens que povoavam o pequeno quarto como hologramas. Eu lia deitada ou ajoelhada, no sofá, no chão, na banheira. Sempre tinha algo salgado à mão: bonequinhos de sal de Wieliczka (trazidos em grande quantidade de uma viagem escolar), que eu comia de modo sistemático, pedaço por pedaço, ou um pratinho com sal em que eu passava ora o dedo, ora o chiclete (aquele com o desenho do Pato Donald, que era considerado um bem de luxo e se mascava por dias a fio). Devo admitir, com certo constrangimento, que também comia cubos de caldo Maggi. Eu sempre considerei este excêntrico vício uma peculiaridade minha, até que, há pouco tempo, li em algum lugar que os alunos que estudavam a Torá nas ieshivas tinham ao alcance da mão tigelinhas com sal para poderem passar o dedo e lamber os cristais. Não era, portanto, uma excentricidade minha, mas antes um costume antigo, uma longa tradição, cujos motivos dificilmente serão compreendidos. Senti uma enorme satisfação. Eu tinha razão! O sal possui alguma ligação com a leitura, como já sabiam os leitores mais perseverantes e perfeitos, ou seja, os judeus que estudavam a Torá. Tenho uma teoria a respeito disso, como diria uma certa Janina Duszejko:* o sal ajuda a transmissão dos impulsos nas sinapses, de modo que o nosso sistema nervoso, percepção e atividade mental funcionem melhor e mais rápido.

Eu lia também durante as férias. Logo no primeiro dia, ia para a biblioteca local e pegava emprestada uma pilha de livros, causando espanto entre as funcionárias. Eu devorava, às vezes, um romance por dia, se o seu tamanho permitisse, é claro.

Eu lia à luz de um abajur de cabeceira e, assim, estraguei minha visão. Eu lia durante as refeições e no banheiro. Na banheira, na praia, no quintal. Nos trens, nos carros, descascando batatas e até tricotando. Meus pais encomendavam livros da série Biblioteca dos Clássicos Poloneses e Estrangeiros, uma grande iniciativa conjunta de algumas editoras, e, a cada duas semanas, chegava à nossa casa um novo volume. Um a um, eu os pegava indiscriminadamente da prateleira: *A canção de Rolando*, editada junto com *Tristão e Isolda* e *Grande testamento*, de Villon, *O retorno*, de Platónov, tragédias de Ésquilo, Sófocles e Eurípides, e *As vidas das senhoras galantes*, de Bantôme. Quando não estava ancorada em um texto impresso, minha visão se dispersava em todas as direções. Eu estava sofrendo de um estrabismo cognitivo, e os contornos do mundo se dissipavam sem a leitura. Em casa, eu espalhava livros em diversos lugares e os lia onde quer que me encontrasse. Eu estava viciada.

No fundo, foi naquele tempo que fiquei fascinada com tudo o que me parecia misterioso, vago, surpreendente, assombroso e excêntrico. Senti-me atraída pelo universo de parábolas

---

* Referência à protagonista de *Sobre os ossos dos mortos*, romance da autora (Todavia, 2019). [N. E.]

sombrias. Através de Edgar Allan Poe, que adorei com um amor profundo e infinito, segui procurando o inquietante, o *uncanny*, ou seja, aquilo que até agora mais me seduz na literatura. Levada por uma intuição ávida, me deparei com Kafka, Tchékhov, Dostoiévski, Schulz, Meyrink, Huysmans, Kubin e Topor. Foi ali que meu espírito fincou suas raízes: nas trevas abafadas e cheias de pesadelos da Europa Central. Mesmo mais tarde, quando na minha viagem literária pelas prateleiras mais distantes da série Biblioteca... acabei chegando a outros continentes, permaneci sempre fiel a essa região e aos romances que têm coragem de descrever a insuportável estranheza do mundo.

Tendo escolhido esse rumo, eu não poderia seguir sem passar por Stanisław Lem. O que aprendi com esse autor que meu outro escritor predileto, Philip K. Dick, considerava um ser plural, um dragão de muitas cabeças criado nos laboratórios da KGB? Eu mesma fiquei desconfiada quanto à identidade daquele homem baixinho com cara de alienígena... De qualquer modo, eu diria que, graças a Lem, fiquei com uns parafusos a menos. Lendo suas obras, enlouqueci — e foi quando eu estava quase me tornando uma amiga bem-comportada e pragmática de Anne de Green Gables. Em uma das aventuras de Ijon Tichy (eu as conhecia todas quase de cor, o que me irritava porque já não as podia ler "de novo"), o protagonista fica preso em um laço temporal que o faz voltar ao mesmo lugar sempre um pouco mais velho ou mais novo. Afinal, sua aeronave fica tão cheia de várias versões dele em diferentes idades que mal consegue se movimentar. O Ijon de uma hora atrás se encontra com o Ijon de duas horas atrás e de ontem, e de duas semanas atrás. Foi o que aconteceu também comigo quando encontrei a mim mesma, várias vezes, relendo Lem: uma garota de onze anos que coleciona recortes de jornal sobre astronomia, fascinada com a estrutura das galáxias, e depois uma jovem revoltada, com a cabeça raspada e uma matrícula recente no curso de psicologia.

Por que não há monumento ao *Congresso futurológico* em nenhuma cidade da Polônia? Por que não se nomeiam em honra a Lem estrelas e galáxias recém-descobertas?

No liceu, enquanto guardava ainda os livros de Lem na mesa de cabeceira, virei na direção de ambas as Américas e fiquei admirada — como toda a minha geração, aliás — com a ficção latino-americana. Líamos Borges, Cortázar, Carpentier, Donoso, García Márquez, Vargas Llosa — nós, alunos do ensino médio que logo se transformaram em estudantes universitários que vestiam camisas xadrez e calçavam indispensáveis botas de montanha, aguardando nas filas para comprar manteiga e queijo, escova e pasta de dente, sonhando com passaportes.

Foi na mesma época que, pela primeira e única vez na vida, eu me apropriei de um livro alheio. Possuo-o até hoje. Ele leva o carimbo de uma biblioteca cujo nome não refiro para evitar perseguição (embora o caso com certeza já esteja prescrito). Levei, aliás, um outro livro, igualmente bom, da minha própria biblioteca e o entreguei em troca, alegando que tinha perdido o exemplar emprestado. Trata-se de um volume de poesias de T.S. Eliot, uma edição de 1978, bilíngue, com uma tradução polifônica, feita por Czesław Miłosz e Michał Sprusiński, entre outros. Foi um livro que eu levei sempre comigo em todas as viagens, no qual eu colocava folhas com outras traduções e com o qual eu aprendia o inglês, procurando reproduzir em polonês e inglês as famosas frases:

In the room the women come and go
Talking of Michelangelo.

Logo me tornei uma leitora apaixonada de William Faulkner, pegando emprestado das bibliotecas municipais tudo o que fora publicado dele em polonês. *O som e a fúria* e *Absalão, Absalão!* passaram a constituir para mim algo como romances-modelo, com os quais eu comparava todos os demais. A ambientação, a carga emotiva, a linguagem inquieta e louca, a narração descontínua e a pluralidade dos pontos de vista sugeriram que a literatura é, no fundo, uma enorme projeção do "eu" no mundo, legitimando os meus desassossegos adolescentes e solipsistas. Foi sobre *Absalão, Absalão!* que eu escrevi meu primeiro texto crítico. Logo depois, por causa do meu primeiro namorado, surgiu na minha vida a literatura de Bruno Schulz — uma revolução silenciosa. Hoje, em retrospectiva, penso que foram esses os autores que me abriram àquilo que é, na essência, o milagre da leitura: um processo paciente de adentrar a estrutura complexa, composta de várias camadas e cheia de significados, do mundo ao meu redor através de um emprego consciente da linguagem, de um jogo de signos, contextos, referências; um constante movimento para o fundo, ou talvez uma subida pelas escadas em espiral das imagens ambivalentes.

Foi naquele período, quando eu mesma apresentava uma justaposição de todas as possíveis idiossincrasias, que pela primeira vez li Freud. Foi uma edição de *Além do princípio do prazer*, pioneira na Polônia, caçada em uma livraria underground onde se compravam livros por baixo do pano. Tenho que acrescentar que considero Freud um romancista, sobretudo nas partes em que disseca minuciosamente as camadas das suas pacientes em análises aprofundadas. Trato o estudo de caso, por sua vez, como um gênero literário pouco conhecido que depois eu mesma pratiquei quando trabalhei por algum tempo como psicóloga, como podem comprovar exemplos que talvez estejam guardados até hoje em algum arquivo nos porões de um hospital.

O método de escrita freudiano foi completamente diferente das técnicas dos meus favoritos anteriores. Freud seguia o pensamento, em vez da intuição ou emoção, e não se preocupava com a beleza da linguagem ou o ritmo da frase. O raciocínio aparentemente seco e o estilo do cientista podiam despistar uma jovem e inexperiente leitora como eu naquele tempo. Em breve, porém, comecei a perceber que Freud era imprevisível. Durante a leitura, entrei várias vezes em uma espécie de catatonia. Como assim? Então é possível entrelaçar coisas tão remotas? Seguir as pegadas de uma palavra e descer no fundo, em algum mito meio esquecido, em uma imagem que surge na mente? Tomar a liberdade de exprimir associações tão excêntricas? Atribuir um sentido essencial a algo efêmero e insignificante?

De repente, descobri que o mundo não era inocente, ou seja, tal como parecia. Ele era maior e tinha partes ocultas, escondidas, obscuras. Ele se deixava examinar de pontos de vista sempre variados, sendo interpretado ad infinitum. De fato, Freud não me convenceu da sua teoria. Convenceu-me, no entanto, do seu método. A descoberta dele me deixou estranhamente atordoada e coincidiu, mais ou menos, com a minuciosidade eufórica com que eu mesma comecei a descrever os meus próprios estados mentais, já que eu estava alcançando a fase de uma autoanálise neurótica.

Desde o momento em que li Freud, já não conseguia ver o mundo como antes. Algo esquisito aconteceu com a minha percepção: eu já não podia olhar de forma inocente, mirar o mundo de modo concreto, como se aquilo que eu enxergava fosse apenas aquilo que eu enxergava, simplesmente. Depois da leitura de Freud já nada era óbvio. O mistério — um dos domínios de Hermes — banalizado por Verne, reivindicado pela sombria literatura centro-europeia e latino-americana, regressou com uma força ainda maior, avassaladora e irresistível, e ainda por cima localizada muito perto: dentro de mim, de você, da cozinha, do quarto, nas ruas. Aqui. Agora. Os atos de interpretação desvendam camadas subsequentes do mundo — os budistas têm razão quando ensinam que o mundo é composto de véus de Maia, Ilusão, que tremulam no vazio. As interpretações podem ser mutuamente excludentes, mas não faz mal porque a exclusão é, de fato, uma complementação! As relações entre os fatos se esboçam intuitivamente, as sincronicidades e as associações, que levam a uma compreensão súbita e óbvia, começam a operar. A interpretação não é outra percepção, mas antes uma atribuição de sentido. Vários sentidos. O texto é infinito, igual à Torá lida pelos alunos na ieshiva, que passam os dedos nas tigelinhas com sal. Há tantas versões quanto configurações possíveis das letras. Cada versão é um nome de Deus e quem contar e pronunciar todas elas, encerrará a história do mundo, terminará o tempo.

Sim, estamos aqui para ler.

Sobre o *daimonion* e outras motivações para escrever

> Todos [...] se acalmaram quando me viram [...] mostrar, por sinais, que eu também queria escrever. [...] o capitão mais uma vez me protegeu: Deixai-o fazer, disse, deixai-o escrever. Se sujar o papel, prometo-vos que o castigarei sem demora; se, pelo contrário, escrever bem, como espero, pois nunca vi macaco mais astuto e engenhoso, ou que melhor compreenda as coisas, declaro que o reconhecerei como filho.*
>
> As mil e uma noites — noite 13

Caras e caros colegas mais novos, abro minha fala com esta citação de *As mil e uma noites* para avisar, desde o início, que escrever é muito perigoso.

Muitos de vocês deram os primeiros (ou até seguintes) passos na literatura, e mais interessante do que a minha palestra seria, talvez, uma conversa sobre o que trouxe vocês aqui e como vocês mesmos veem aquilo que tem acontecido nas suas vidas nos últimos anos. Eu adoraria ouvir que as aulas de escrita criativa contribuíram de alguma forma para que vocês seguissem de vento em popa, ou, pelo contrário, se revelaram uma enorme decepção. Sobretudo, eu gostaria de conhecer as suas respostas para a pergunta que sempre se impõe em circunstâncias como esta: será que se pode aprender a escrever

---

* *As mil e uma noites*. Trad. de Alberto Diniz. Rio de Janeiro: HarperCollins, 2017. [N.T.]

como se aprende a praticar ioga ou tocar um instrumento? Eu mesma nunca tenho certeza disso.

    Pronuncio estas palavras em um espaço compartilhado com outros escritores. Eles vêm de vários países e compõem livros muito diversos. Ontem, conversamos até altas horas sobre nossos inícios. Fiquei surpresa ao descobrir que, a despeito da raça, cultura e idade, todos temos a mesma convicção a respeito da escrita... Desde o começo. Quando se olha em retrospectiva para sua própria vida ou para a vida de alguém, e se presta bastante atenção, é possível reparar que certos sintomas aparecem no passado como *leitmotiven* e operam a despeito do caos ou do acaso. Na maioria das biografias, o destino se revelou de várias formas, abrangendo elementos não relacionados com a literatura, tais como educação e emprego, mas também casamento, maternidade ou paternidade, viagens e diversas perturbações. Mesmo assim, mais cedo ou mais tarde, a escrita ressurge. Como se tudo fosse decidido há muito tempo e agora aquela força estranha, teimosia obstinada, obsessão incessante — não importa como a chamemos — procurasse apenas um meio adequado, um tempo propício e um lugar certo para se concretizar.

    Eu sei que, para muitos, essa visão pode ser difícil de digerir. A nossa cultura nos ensina a enxergar a vida como uma sequência de acontecimentos aleatórios e imprevisíveis que constituem uma espécie de emaranhado que procuramos desbravar, com maior ou menor determinação, equipados com uma certa visão das nossas metas. Não é difícil impedir nossa jornada, ou até mesmo nos forçar a seguir caminhos totalmente diferentes e virar tudo de cabeça para baixo. Bastam pequenos mal-entendidos, esperanças frustradas, decepções.

    O mundo contemporâneo lembra aquilo que, há quatro séculos, foi apresentado por Descartes como a imagem de um campo extenso da matéria — fria, mecânica, adversa ao ser humano. Movimentamo-nos nesse domínio equipados com diversas capacidades, talentos e a nossa própria diligência, procurando abrir caminhos, encontrar um lugar para nós mesmos e fazer aquilo que de fato queremos fazer. Mas só poucos de nós conseguem. Hoje, há muitas pessoas que se tornaram escravas das outras, mesmo que a designação "escravo" signifique atualmente algo diverso do que antes. A escravidão contemporânea é um trabalho que não deixa realizar ambições nem corresponde aos interesses, é algo imposto e repugnante, visto como uma tortura que enche os bolsos dos patrões em vez dos empregados, algo necessário para sobreviver. É bastante comum uma convicção (ou uma ilusão?) de que a posição do artista, inclusive do escritor, permite ultrapassar os limites da classe social e da dependência salarial — daí a vontade de alcançar essa posição.

Uma vertente simplificada, e por isso mais desejada, desse percurso consiste em se tornar uma celebridade. Já não é tão complicado, hoje, embora seja difícil não se surpreender com o que permite ganhar quantidades gigantescas de curtidas na feira das vaidades da internet... Muitas pessoas cansadas da monotonia do cotidiano perguntam a si mesmas: por que não eu? E assim surgem novos blogues, contas no Facebook, perfis no Instagram. Os mais ambiciosos começam a escrever, pensando na criação de uma obra que lhes dê fama, bem como dinheiro e independência. Costumam descobrir, porém, que para além do talento e da engenhosidade, a escrita exige também um conjunto de competências que permite não desperdiçar os primeiros dois.

Aqui seria adequado fazer a seguinte pergunta: é possível aprender a escrever como se aprende a praticar ioga ou tocar um instrumento?

Vou começar por dizer que não há nenhum estudo que comprove que o talento para a escrita seja algo herdado nos genes ou decorrente de crescer sob determinadas condições. Se fosse assim, os filhos de escritoras e escritores, em razão dos genes e das circunstâncias em que são criados, teriam as maiores chances para uma carreira literária, e os cursos de escrita criativa seriam introduzidos já nos jardins da infância, criando desse modo uma população de homens e mulheres de letras. Mas não é assim. Com certeza, as capacidades imaginativas e linguísticas são úteis, ou mesmo indispensáveis, para um escritor profissional. Um fator favorável é também uma certa cultura literária dentro de casa. Não são elas, porém, que essencialmente fazem o escritor. O que será, portanto?

    Hoje, a realidade nos impele a restaurar o sentido de palavras como "escritora" e "escritor", despojando-as de todos os significados sublimes, tornando-as mais corriqueiras, como os nomes de outras profissões, sobretudo no campo das artes. Talvez se deva fazer isso na mesma escala que os norte-americanos, que designam como "escritor" toda pessoa que prepara algo para publicação, como por exemplo quem reúne em formato de livro receitas de pratos com batatas, compõe um conto de fadas para a filha pequena, edita por conta própria um volume de poesia, memórias, notas de viagem. Uma escritora cujas obras estão exibidas em um lugar de destaque na vitrine, que aparece de vez em quando na televisão e nas feiras do livro e recebe comentários nos jornais influentes e nas revistas coloridas é alguém bem-sucedido, como um cantor, a fundadora de uma escola de ioga, a criadora de um novo produto de beleza etc. Escritor ou escritora é algo — veja: "algo" — como uma agência que se ocupa da escrita. Muitas vezes no tempo livre de...

    Aqui convém perguntar: o que faz um escritor ou uma escritora contemporânea? O que preenche a sua vida?

    Um escritor contemporâneo troca com outras pessoas enormes quantidades de informação. Não apenas de modo, digamos, clássico, aparecendo nos encontros com o público, dando entrevistas, participando das discussões e polêmicas, dizendo o que pensa sobre um assunto ou outro, apresentando capas ou trechos das suas obras mais recentes. Surgiram novas formas de atividade relacionadas com a circulação dos dados na rede: o autor compartilha fotos e publica textos curtos nas mídias sociais, responde aos comentários e comenta posts de outras pessoas, discute com *trolls* anônimos. Esse é o mundo de hoje e as formas de adaptação a ele — a velha lei darwiniana continua vigente. Como deixamos que ele se transformasse em um mercado de compra e venda permanentemente aberto, em uma feira ruidosa, então passamos a ser mercadoria. Não se trata da convicção tradicional de que a mercadoria é aquilo que produzimos. Não. Hoje uma mercadoria igual a qualquer outra é o próprio "eu" do escritor. A própria pessoa do autor se torna uma marca. Masłowska, Twardoch, Pilch, Bator, Stasiuk* são uma espécie de logotipo. Tokarczuk também. Da mesma forma, a mercantilização funciona no sentido reverso: Schulz, Witkacy ou Lem nas camisetas já não escandalizam — eu mesma tenho peças de roupa assim. Ao mesmo tempo, lembro muito bem o choque que senti quando, no início dos anos 1990, vi em Praga o rosto de Kafka em canecas. O hábito é instintivo para o ser humano, está claro, mas antigamente a adaptação demorava mais tempo. Hoje, quando o mundo acelerou de modo incrível, os hábitos se consolidam em um piscar de olhos.

Outra mercadoria é a personalidade humana em geral. Ainda que antigamente fosse algo meio abstrato, agora ela adquiriu um valor quantitativo. Um avaliador é capaz de estimar

---

* Dorota Masłowska (1983-), Szczepan Twardoch (1979-), Jerzy Pilch (1952-2020), Joanna Bator (1968-), Andrzej Stasiuk (1960-) — alguns dos escritores poloneses contemporâneos mais reconhecidos. [N. T.]

o preço da personalidade midiática de um indivíduo. Já não basta que o escritor escreva bem porque ele precisa ser Bacana, Cool, Especial, Controverso, Cult. Tem que assumir um adjetivo.

Nesse ponto, volto ao encontro de ontem que já mencionei. Estávamos conversando até altas horas quando surgiu um tema que por uns instantes nos dividiu em mais velhos e mais novos. Como devem adivinhar, eu fiz parte do primeiro grupo. Junto com um colega procuramos evocar princípios e, em geral, a forma daquele mundo que aparentemente vai desaparecendo para sempre. Quando estávamos começando — explicamos —, todo o processo da escrita, publicação e recepção do livro no mercado demorava muitíssimo mais. Seja pelo simples fato de as revisões — duas ou três — serem feitas à mão ou pelo tempo prolongado da colaboração do editor. Ainda existia, aliás, a figura do editor, alguém poderoso, autoritário, uma eminência parda no mundo da literatura que estava além das frases e dos conceitos e insistia em sacudi-los obsessivamente, procurando neles verdadeiros significados, referências e contextos, muitas vezes imperceptíveis para nós, autores. Havia pareceristas internos que sabiam o que faziam, eram independentes, sem vínculo com nenhum jornal, e, com o seu costumeiro objetivismo, passavam pelo texto como um rolo compressor, espremendo o seu significado e às vezes apontando para a falta dele. Depois do lançamento do livro, esperava-se muito tempo pelas resenhas externas, aquelas do mundo, e para a obra "assentar" no seu lugar, ganhar sua posição e alcançar a consciência coletiva demorava meses ou até anos. Não se falava em autopromoção, a não ser em tom de brincadeira. Não se pediam *blurbs*. Não era comum distribuir os próprios livros pelo correio — mas quando isso acontecia, era sempre a pedido de alguém e com uma belíssima carta anexada. Pressupunha-se como óbvia a existência de um mundo sujeito às regras e aos rituais de savoir-vivre, e se renunciava, em favor dele, a uma parte considerável do controle sobre sua própria obra, submetendo-se às regulações e aguardando o reconhecimento que vinha — ou não — de fora.

Hoje reina uma filosofia completamente diversa. É preciso resolver tudo por conta própria, tomar com as próprias mãos — nem sempre acostumadas ao trabalho ou bastante hábeis, embora os punhos, por sua vez, se cerrem com facilidade. Esse slogan — bem como outros que pregam, por exemplo, que se deve tomar as rédeas da própria vida, arrumar sua cama de modo que se queira deitar nela, ser dono do seu destino — se tornou quase um imperativo categórico, mesmo que tenha levado muitos ao infortúnio. Porque se você não teve êxito, a culpa é sua. Tudo leva a crer que você não teve determinação suficiente, não foi habilidosa o bastante, foi preguiçosa demais...

Os escritores e as escritoras jovens têm muita consciência disso. Durante a nossa conversa, afirmaram: em vez de esperar que alguém faça algo por você, é preciso pôr mãos à obra e fazer sozinho tudo o que puder, anunciar o seu "projeto" a todos o quanto antes, inventar por si mesmo alguma forma de promoção. De modo geral: estar no controle de tudo que puder. É um paradoxo que, nesse caso, não falte muito para que, em vez de ser a dona do seu destino, a pessoa passe a ser sua vítima.

Na história da literatura sobressai um certo padrão: os escritores de cada período têm saudade de uma idade de ouro, dos tempos ideais, quando a literatura era uma coisa muito maior do que na época deles, mesmo que seja difícil determinar o que de fato ela foi. Kochanowski tinha saudade dos tempos de Horácio e Virgílio, os românticos suspiraram pelo heroísmo medieval ou, no fundo, pelos primórdios lendários das comunidades nacionais (que eles mesmos inventaram nas suas obras).

Para a minha geração, continua vivo o mito modernista do escritor enquanto um eleito, um artista que mesmo quando enchia a cara no bar parecia sublime. Um elemento desse mito é a crença de que depois da morte do artista (da nossa morte) aparecerá um Max Brod que vasculhe suas (nossas) gavetas e descubra uma obra que torne o artista (cada um de nós) imortal.

Os jovens parecem não partilhar mais essa ilusão. Não estão dispostos a adiar o sucesso, e menos ainda pensar em uma fama póstuma. Os mais velhos sentem sua respiração no cangote. Os jovens estão ávidos de sucessos, bolsas, contratos autorais, tendo crescido em tempos dominados por um enorme, monstruoso AQUI E AGORA, quando tudo parece possível e desejável, e as perspectivas são ilimitadas. A geração *No limits* costuma ver a si mesma como onipotente. Poesia? Vamos lá. Um piscar de olhos e já tem um volume. Um roteiro de cinema? Ah, *voilà, no problem*. Um romance? Pode ser um romance, por que não? De boa vontade, eles se tornarão apresentadores de um programa na televisão ou dançarinos em um show popular. Podem comentar acontecimentos políticos a cada manhã, à noite tocar e cantar em uma banda de rock, e uma vez por ano escalar um dos picos mais altos do mundo. *No limits*.

Às vezes, esses jovens me enviam seus textos junto com um plano de promoção que inclui detalhes publicitários, como a contratação de celebridades famosas ou pessoas públicas. Preveem ações no Facebook, entrevistas nos jornais mais influentes e nas revistas pop. Não descartam participação em sessões fotográficas de moda ou de nudez...

Se perceberem nas minhas palavras ironia ou sarcasmo, estarão enganados. Estou triste.

Tenho muita pena de vocês, jovens escritores. Vocês acabam vivendo em um mundo no qual a leitura será praticada, talvez, por mais duas ou três gerações, ou melhor, por uma fração delas que se exprimirá em um algarismo único. Depois chegará o fim da literatura tal como a conhecemos. Vocês vivem em um mundo de produto e mercadoria, para além do qual nada existe, um mundo em que o livro se transformou em uma mercadoria igual a um tijolo ou uma meia. O produtor inventa algo novo, atraente, e procura vendê-lo aos consumidores. Ele contrata especialistas de publicidade e pessoal que será remunerado a cada etapa da realização, e aplica a margem de lucro sobre o produto. O produto acabado, com a capa, os *blurbs* e as informações sobre descontos acaba entrando no mercado através da rede de distribuição. Agora vem o momento da intensificação, quando é necessário dinamizar a venda. É nesse momento que se quer utilizar o autor — alguém que, por enquanto, ficou na posição de, digamos, uma espécie de fornecedor de ideia, ou um designer — pedindo que ele explique de forma acessível o que queria dizer quando escrevia e do que trata, na verdade, seu livro. Resenhistas contratados digerem suas palavras ou antes aproveitam diretamente o material preparado para eles pela editora, elaborando textos ao mesmo tempo simples e claros, mas também tão instigantes quanto possível. Às vezes, acrescentam algo próprio, mas a sua invenção fica quase sempre limitada pelo espaço medido em caracteres. Por isso as resenhas hoje são tão curtas, tão triviais e tão espantosamente parecidas. Quando a procura tiver sido satisfeita, o dinheiro será contado e dividido entre todas as partes envolvidas, o produto editorial será retirado das livrarias, e os exemplares não vendidos seguirão seu destino de virar papel picado, abrindo espaço para outros produtos afins.

Há um tipo de violência nisso. Ou melhor: é como forçar alguém a passear de montanha-russa — será divertido para uns e nauseante para outros.

Há pouco usei a palavra "dinheiro", então falemos dele.

Se o atônito autor, situado em algum ponto anterior da cadeia produtiva, for "bem-sucedido", ele economiza aquilo que ganhou — tem que se sustentar de algum modo nos anos magros, improdutivos — e vai se preparando para um novo trabalho. É tratado pelo regime fiscal tal como uma serraria, ou melhor, um produtor individual de alguma coisa, forçado, nesse caso, pelos cutucões do capitalismo ao autoemprego e à abertura de uma empresa "Produtos literários a partir dos materiais próprios ou fornecidos pelo cliente", "Fábrica de contos", "Manufatura de romances".

Fiquei muito triste ao observar um ataque violento contra uma jovem autora polonesa que tinha se queixado dos parcos lucros após o lançamento do seu livro. No mundo em que todos reclamam que ganham pouco, a ofensiva gratuita que a atingiu deve suscitar em nós uma reflexão de alerta. Se a mesma queixa tivesse sido publicada no Facebook por um funcionário, uma professora, um médico jovem ou o proprietário da referida serraria, todo mundo concordaria com a cabeça, compreensivo. Tempos difíceis. Pode reclamar. Mas um escritor, e ainda por cima mulher? Como se atreve?! Ela deveria estar agradecida por terem publicado seu livro e a terem indicado para um prêmio. O que ela esperava? Que tivéssemos pena dela? Se não está gostando, pode ir trabalhar de caixa no supermercado.

Essa reação mostra que a situação do escritor na sociedade e no mercado não é nada óbvia. A despeito do discurso dos apoiadores do livre mercado, a posição do autor se revela peculiar. Ninguém parece lembrar que você existe de modo independente como uma pessoa que cria determinado bem. Não: você está sob o jugo dos leitores, resenhistas, opinião pública.

Ainda que muita gente partilhe desesperadamente essa visão, a crença de que as ordens de compra e venda de bens possam constituir e manter em equilíbrio uma sociedade moderna me parece simplória e tosca. Na Polônia, ela vem emergindo, diante dos meus olhos, ao longo dos últimos vinte anos. Começou de modo muito inocente. Mandaram-nos vender, negociar, tratar a nós mesmos como uma espécie de mercadoria. Disseram-nos que era preciso ter algo para vender, algo a oferecer. Quem não o tivesse, ficaria para trás. Devia-se, repito, tomar a vida nas próprias mãos e partir à conquista do mundo. Não foram elaborados mecanismos de defesa ou apoio. Nem sequer foi estabelecido como funcionaria em caso de bancarrota. A quem tropeçasse a caminho do sucesso, sobrariam valetas à beira da estrada. Os profissionais liberais foram esquecidos por completo. Em consequência, a maioria dos escritores (e de toda a espécie dos criadores) fica contratada em regime de meio período nas empresas dos seus cunhados, primos ou amigos para ter a segurança social básica. Os mais sortudos agarram-se aos seus postos em redações e universidades. Faltam sindicatos, bem como sistemas de bolsas e residências criativas.

Se existe algo como a economia do livre mercado, com certeza existe também algo como a economia do romance. Vejamos o exemplo de um romance histórico de tamanho mediano, cerca de quatrocentas páginas. Se considerarmos tudo o que é necessário para sua criação: pesquisa (visitas a bibliotecas, viagens de pesquisa, leituras etc.), escrita, revisão e correções, penso que ninguém objetará se eu disser que você consegue preparar para publicação cerca de meia página por dia. Isso quer dizer que o livro que tomamos como exemplo exigiria oitocentos dias para ser criado. Vamos presumir que a escritora ou o escritor trabalhe oito horas por dia, exceto aos sábados e domingos (tem dois filhos), o que constitui, aliás, uma norma na maioria das profissões. Desse modo, aqueles oitocentos dias de trabalho se traduziriam em mais de três anos de emprego, o que significaria, mesmo no caso de um salário mediano, uma quantia considerável. Devem-se acrescentar ainda as contribuições previdenciárias, bonificações etc.

De onde vem, portanto, a indignação contra os escritores quando eles reclamam dos honorários baixos? Se tudo hoje tem um preço, por que continuamos a pensar que os romances caem do céu ou são como os livros sagrados do budismo, escritos por si mesmos e encontrados depois pelos monges particularmente veneráveis nos buracos das árvores?

O processo da comercialização universal tem mais um aspecto.

Será que se pode ainda sustentar uma visão da cultura enquanto uma enorme esfera da compreensão entre as pessoas, um processo infinito de narrar o mundo de diversos modos, inclusive os mais excêntricos? Será que colocando a procura e a oferta acima de tudo, seremos ainda capazes de ouvir e ver algo jamais ouvido e nunca visto, diferente do que é bem conhecido? Estaremos prontos para mudanças ou, pelo contrário, ficaremos andando em círculos, cercados pelas coisas que nos parecerem atraentes, bacanas, cantarolando sempre os mesmos refrões que nos agradarem?

Não deveríamos apoiar abnegadamente aqueles que tomaram a decisão ousada de procurar dentro de si uma voz própria, se gastamos tanto na construção de novos tanques e estádios? Não deveríamos deixar que a questão de tanques e estádios dependesse do livre mercado?

Lamento muito, mas não consigo enxergar a literatura como uma mercadoria qualquer. A literatura cria laços entre as pessoas, permite que elas se comuniquem. Paradoxalmente, isso acontece até fora das palavras, porque o entendimento mútuo se estabelece também quando ficamos frente a frente segurando determinado livro e não outro. Alguém poderia dizer que algo parecido acontece no caso de uma marca: não é preciso dizer nada, é só se aproximar e expor, como se fosse sem querer, a etiqueta da roupa ou, por exemplo, um novo e estranho modelo do relógio, cuja parte particularmente significativa não é o mostrador, mas antes seu *brand*. Mas não é a mesma coisa.

Já faz muito tempo que as sociedades sábias perceberam que os mais duradouros e longevos não são os menores ou maiores negócios, modas, estrelas de uma temporada, nem sequer dinastias, mas antes as obras de arte. O que seria hoje Florença sem Michelangelo e seu famoso bloco de mármore imperfeito que o artista, escondido atrás de um pano, esculpiu em uma obra-prima? Quem durante os anos necessários para terminar o trabalho o alimentou e sustentou? Sem o apoio do gonfaloneiro Piero Soderini e um simples contrato que permitiu ao escultor avançar sem maiores transtornos, *David* nunca teria sido criado. É apenas um de vários gestos desse tipo. Sem eles, Florença teria continuado, provavelmente, a ser um centro dinâmico do comércio de ouro, mas não estaria seduzindo milhões de turistas que agora constituem uma fonte infinita de sua renda. Situação análoga teve lugar em muitas outras cidades da Itália. As decisões providentes tomadas por mecenas e homens públicos há centenas de anos hoje permitem que os donos de hotéis e restaurantes, guias e vendedores de lembranças da Itália (made in China) tenham uma vida boa. É óbvio que deve ter havido muitos artistas que não receberam apoio, o seu bloco de mármore quebrou, e eles acabaram bebendo, desperdiçando seu talento e se dedicando a várias tarefas insignificantes.

Basicamente, se não se garantir uma base material para os criadores, a literatura e a arte deixarão de existir.

Se apreciamos tanto o livre mercado, por que os leitores nas bibliotecas não pagam um valor simbólico por cada livro que pegam emprestado? Aliás, isso podia ser feito pelo próprio Estado, como acontece na Suécia. (De fato, o empréstimo de um exemplar do livro a um número ilimitado de leitores equivale, no fundo, à distribuição ilegal.) Com os recursos obtidos dessa forma, seria possível fundar programas de bolsas para escritores que não foram recebidos pelo mercado com tanto amor. Darmos às escritoras e aos escritores dinheiro para que alguém possa cuidar de seus filhos de manhã, enquanto eles se dedicam ao trabalho. Criarmos condições para que eles possam viajar e realizar a pesquisa necessária para seu próximo romance. Não deixemos que o apoio dependa da sua fama, dos prêmios recebidos (não condicionemos nosso investimento a isso). Libertemos os acanhados, os provincianos inseguros que não conhecem os locais bacanas e não têm boas relações nos meios influentes.

Não nos deixemos convencer de que a única mola propulsora do mundo é a ânsia de lucro e o desejo de riqueza. Se assim fosse, as autoridades das cidades italianas e seus cidadãos opulentos teriam investido em mais navios para transportar raízes da Índia ou armas para conquistar vizinhos.

Voltemos agora ao tópico principal e tentemos refletir sobre aquilo que faz alguém começar a escrever livros.

Eu aprendi muito sobre esse assunto com as pessoas jovens, aquelas que davam seus primeiros passos na literatura, quando conversamos sobre os motivos que nos levaram a escrever. Ouvi várias falas bastante vagas, mas ainda talvez faltasse aos seus autores a autoconfiança ou a coragem para verbalizar suas sensações.

Então: por que você quer escrever? O que o atrai na escrita? Sabe-se que é uma carreira incerta que em muitos casos acaba com uma série de decepções...

Com mais frequência se ouvia o maldito "para me expressar". A meu ver, essa afirmação pode significar, de fato, tudo e nada, sendo tão geral que eu a considero algo parecido com um "hum" ou um "eh".

Alguns, quando ficaram menos encabulados, contaram com um pragmatismo impressionante que queriam ser bem-sucedidos, ganhar dinheiro, conquistar fama.

Fiquei comovida com uma aluna universitária que admitiu com uma triste sinceridade: porque não sei fazer nada mais. Aquele *coming out* desesperado foi levado por mim a sério.

Alguns tinham ideais muito nítidos para sua escrita. "Pretendo criar uma série de best-sellers sobre vampiros." "Quero escrever romances policiais, um por ano." "Pretendo ser como Jerzy Pilch." ("Por que como Jerzy Pilch?" — perguntei com surpresa. "Porque aquele homem me impressiona. E leio só ele, ninguém mais.") "Quero provar à minha mãe que não sou um fracassado."

Nenhuma dessas motivações é má e todas devem ser levadas muito a sério.

No livro *Por que escrevo*, Orwell, um escritor incrivelmente versátil, definiu bem quatro motivos principais que nos levam a essa atividade.

O primeiro é algo que Orwell chama de "entusiasmo estético". Se o entendo bem, trata-se de uma espécie de comoção interna causada pela ordem do mundo, por aquilo que denominamos beleza ou harmonia. Às vezes, a experiência estética é tão poderosa e irresistível que exige a expressão de algo que parece impossível: combinar palavras e manifestar essa vivência na linguagem. Uma viagem que abre horizontes completamente novos. Um sentimento que gera profunda transformação na psique. E, enfim, um coração partido — um tópico à parte que deve ser considerado quando se fala da motivação para a escrita. É uma tragédia íntima que quer ser contada, mesmo que de forma indireta, e que ativa nossos vastos resíduos da melancolia e do desespero. Cada um dos dois sentimentos favorece, de algum modo, a escrita. A experiência de desespero, rejeição ou frustração faz com que nos voltemos para nós mesmos, nos examinemos de fora... Os acontecimentos desse tipo raramente são descritos pela psicologia, ainda que constituam, com muita frequência, um ponto de partida para a mudança do rumo da vida inteira. Uma melancolia que cura as feridas do amor é um ótimo alimento para a escrita. Penso que ela provoca uma espécie de narcisismo secundário, ativa uma profunda autorreflexão e aumenta a sensibilidade. Quando escrevemos, tentamos restaurar nosso equilíbrio, a libido se enrosca em volta de si própria, e de repente nós nos envolvemos em uma ternura ainda desconhecida. Embalamo-nos para dormir, contando histórias a nós mesmos, procurando metáforas ainda não usadas.

A escrita é propiciada também pela solidão, uma viagem longínqua, um acontecimento dramático. Precisamos de palavras para nos acalmarmos e para restaurar a ordem e o sentido do mundo, perdidos ou abalados.

Esse motivo mostra com clareza que, mesmo não sendo escritor, alguns às vezes se comportam como tal. Na nossa vida ocorrem episódios que exigem uma expressão artística e isso é perfeitamente natural. Aposto que todos passamos por um momento de angústia criativa, quando as frases parecem escorrer da pena ou caneta por si mesmas, junto com os personagens que surgem e as coisas que aconteciam. O mundo é vasto demais para um ser humano e a literatura deve ter surgido para que sua grandeza fosse medida passo a passo, com "colherinhas de chá", por meio das palavras.

Talvez convenha pensar se, para sentir o impulso ao qual nos referimos, não vale a pena mudar a vida inteira, convertendo-se de engenheiro em escritor, de professora em escritora.

O segundo motivo, conforme Orwell, é o *impulso histórico* que exige que as coisas sejam expressas "como são",* por mais

---

* George Orwell, *Por que escrevo*. In: *Por que escrevo e outros ensaios*. Trad. de Claudio Marcondes. São Paulo: Penguin Classics Companhia das Letras, 2020, p. 13. [N.T.]

ingênua que essa proposta possa parecer. É a situação de um indivíduo que testemunha eventos coletivos que o transcendem, sendo difíceis de compreender e suscetíveis de deturpação. É nesse momento que sobressai a necessidade de "dar testemunho" e ordenar na linguagem aquilo que, de outra forma, se desvanecerá, será perdido. Esse impulso fica muitas vezes, acho eu, na base da escrita memorialística e de outras maneiras de perpetuar o curso dos acontecimentos atuais ou passados, mas relativamente recentes. Uma história da família, registrada por uma mulher idosa para seus netos, ou uma monografia sobre uma pequena localidade, elaborada graças ao tempo dedicado por um professor aposentado. Memórias de guerra, campo de concentração, lei marcial, internamento, cárcere, exército. Testemunhos de todas as formas da violência coletiva que exprimem uma profunda sensação de absurdo ou injustiça. Um romance que não é romance, capaz de relatar a todos "como foi".

O terceiro impulso é o *propósito político*, ou seja, como diz Orwell, um desejo de impelir o mundo em certa direção ou mostrar aos outros a ideia de uma espécie da sociedade que se deveria almejar ou, pelo contrário, evitar. Orwell acrescenta, e eu concordo plenamente com ele, que nenhum livro é isento de vínculos políticos. Quem insiste que a arte não deve ter nada a ver com a política revela, de fato, uma convicção política. Não há livros apolíticos, a não ser que não sejam lidos. Quando entram no circuito de leitores, quando começam a falar, eles tendem — quer queiram, quer não, de modo consciente ou inconsciente — para uma determinada visão do mundo e assumem um certo conjunto de normas e disposições como óbvio. É nisso que consiste seu caráter político. Tanto um romance mais doce quanto uma ficção científica mais descolada tomam, enfim, um partido. Se um escritor não quer ou não consegue perceber isso, tanto pior para ele.

Afinal, o quarto motivo enumerado por Orwell é o *puro egoísmo*. Aqui a motivação é um desejo profundo de parecer inteligente e perspicaz, ser alguém de quem se fala, alguém que será lembrado após a morte, vingar-se de todos os perseguidores da infância e lhes jogar na cara: "Vejam só quem me tornei". Seria injusto silenciar todos os motivos "baixos", sobretudo porque os escritores os partilham com outros artistas, mas também cientistas, políticos, militares, ativistas sociais, juristas e muitas outras pessoas com ambição.

Orwell nota que, ao chegar aos trinta anos, as pessoas comuns abrem mão do seu individualismo e passam a viver para os outros, entregando-se, na maioria dos casos, aos enfados do cotidiano. No entanto, uma minoria talentosa e obstinada fará tudo para viver sua própria vida, e é a esse grupo que pertencem os escritores. De acordo com Orwell, são os escritores que, entre todos os tipos de individualistas talentosos, se revelam os mais concentrados em si mesmos, mais ainda do que os jornalistas, embora não se interessem tanto por dinheiro.

Cada um dos quatro motivos enumerados por Orwell se manifestava no tempo dele de forma totalmente diferente do que vemos hoje.

Vou lançar uma hipótese ousada: o puro egoísmo aumentou de modo inusitado, e aquela minoria conformada com seu próprio anonimato na casa dos trinta, composta de pessoas que não escrevem, diminuiu de modo considerável. Basta dar uma olhada na internet para perceber que o número de pessoas que publicam nos blogues, postam no Twitter, comentam a escrita dos outros, inclusive de poetas e romancistas, é enorme. As suas competências linguísticas não são nada ruins e suas habilidades literárias, razoáveis. Essa gente parece ler sobretudo aquilo que foi escrito por pessoas parecidas, sem contar com qualquer leitor de fora — é assim que se formam círculos fechados de percepção. Nesse fervor de escrita já não há quem faça uma crítica séria e imparcial da criação dos outros, e os periódicos que recentemente têm conquistado o maior êxito no mercado são os que ambicionam publicar resenhas tão curtas quanto possível.

Estamos testemunhando um processo incrível: observamos o "eu" do escritor ganhar peso. É óbvio que ele sempre constituiu um ponto de referência indispensável e um fundamento do equilíbrio criativo, mas hoje ele está inflando patologicamente, subjetivando tudo ao redor e aos poucos substituindo todo o universo. Uma das intenções do pós-modernismo foi a valorização do frescor do "eu" subjetivo também na perspectiva científica, mas, passados alguns anos, aquele "eu", como uma trepadeira daninha, começou a sufocar outros pontos de vista. Da mesma forma, o ego muito aumentado do escritor também muda a literatura, talvez para sempre. Não se pode excluir que em breve sobrarão dela apenas duas grandes vertentes que já vão ocupando cada vez mais espaço nas feiras e nos festivais: "vou-contar-para-vocês-onde-estive" e "vou-contar--para-vocês-sobre-minha-família". A *non fiction* engolirá quase toda a ficção porque as pessoas vão perdendo a capacidade de compreender o romanesco "e se", insistindo em perguntar aos autores se aquilo que escreveram é verdade. (Do lado da ficção sobrarão provavelmente as narrativas policiais: "vou-contar--para-vocês-quem-matou-mas-isso-vai-demorar-um-pouco".)

Há, dentro de nós, uma força subestimada, que mesmo assim arde em tudo o que fazemos. Quem a descreveu com maior exatidão foi, creio, Alfred Adler. É uma força que faz com que queiramos ser encarados com aprovação, como superiores, reconhecidos, importantes, atraentes. Seria melhor, porém, se fosse a partir dela que orientássemos o nosso mundo, apreendendo-o como um terreno repisado onde todos constantemente flexionam músculos e exibem seus talentos, em vez de ficarmos apegados à metáfora, tomada de modo literal demais, como uma bolsa de valores onde tudo está à venda, tudo tem um preço, o mundo se assemelha cada vez mais a uma loja de bugigangas.

Czesław Miłosz foi muito preciso: "Não temos como evitar o poder inflado do nosso *ego*, da nossa ambição e da nossa vaidade, assegurando a nós mesmos que eles não existem, mas o que se pode é entupir a garganta deles, como se alimentam os cachorros para nos deixarem em paz".

Agora quero voltar ao *daimonion* evocado no título da palestra. Falarei dele de um modo diferente do tom racional e pragmático que tem dominado o meu discurso até este ponto. Tomarei a liberdade de me referir ao realismo mágico — uma tendência, aliás, que frequente e precipitadamente me atribuem, transformando-a em uma espécie de rótulo para minha escrita.

Alguma vez já pensaram que a fonte da criação literária pode ser o fato de que algo quer ser escrito? Que de algum modo, fora de nós, existem tópicos, imagens e pressentimentos que exigem que os nomeemos e articulemos? Que, abordando esses assuntos, recebemos da sua parte um cuidado específico, como crianças quando começam a desenhar? Nesse caso, damos a elas lápis de cor, trazemos imagens, mostramos como se desenha um cavalinho ou uma casinha, às vezes, sobretudo no início, oferecemos livros de colorir para que elas preencham os espaços e se habituem aos contornos das coisas. Incentivamos e prometemos recompensa.

E como esse cuidado se concretiza na literatura?

Como é que aquelas estranhas formas do ser saem de algum lugar, no início sem um corpo, mas equipadas com um aparato psicológico mais completo do que algumas pessoas vivas e encarnadas? Como é que se materializam diante dos nossos olhos, agarram-se às frases e palavras, ganham características concretas e, finalmente, começam a falar, ter opiniões, afetos, pensamentos, tempos e universos completos enroscados dentro delas? Será que existe em algum lugar um resíduo daqueles seres, cuja natureza existencial é diversa da humana? E onde ficará? Como é possível, através de que processos, que sua realidade duvidosa vá se consolidando com o tempo até fazer parte da realidade do seu criador e dos leitores?

Dizem que Sienkiewicz recebia cartas em que os leitores imploravam que nada de ruim acontecesse aos cavaleiros que criara. Não se celebraram, de fato, missas em intenção da alma de Longinus Podbipięta?*

Quando nos anos 1990 comprei uma casa no vale de Kłodzko,** de repente tudo ao redor começou a sussurrar. As escadas de pedra, sempre úmidas, que levavam ao porão, o riacho na beira do qual ainda murchavam restos de um moinho de água, as pedras que delimitavam campos de lavoura, as naves da igreja em Nowa Ruda... Foi um estado estranho, como — vou utilizar esta palavra — uma possessão. Cada lugar que eu ia conhecendo naquele tempo me parecia ter vários níveis e estar cheio de significados mais ou menos óbvios. A partir daqueles sussurros e de uma enorme quantidade de informações, intuições e especulações imprecisas, começaram a surgir lentamente tramas de diversas histórias que exigiam que alguém as relatasse por escrito e compartilhasse com os outros.

O que estou falando dizia respeito também às pessoas, em especial às que aparentemente brotaram daquele lugar e pertenciam a ele por completo. O senhor Ch., por exemplo, cuja

---

* Longinus Podbipięta, um dos personagens principais do romance *Ogniem e mieczem* [A ferro e fogo], de 1884, do ficcionista polonês Henryk Sienkiewicz (1846-1916), premiado com o Nobel de Literatura em 1905. Podbipięta morre heroicamente quando tenta sair do cerco de Zbaraż para entregar uma mensagem ao rei João II Casimiro Vasa. [N. T.]   ** Vale de Kłodzko (Kotlina Kłodzka), região dos montes Sudetos, na fronteira entre a República Tcheca e a Polônia. [N. T.]

data de nascimento era móvel, dependendo da sua disposição. Até agora não faço ideia de quantos anos ele tinha. Ele nasceu em uma família numerosa de Ząb, uma aldeia serrana na região de Podhale. Quando jovem, foi levado à força para trabalhar na Alemanha, onde perdeu a audição. Após a guerra, não regressou a sua casa, estabelecendo-se perto de Nowa Ruda. Levou uma vida, digamos, exemplar, trabalhando por muitos anos em uma empresa de limpeza urbana. Infelizmente foi casado com uma mulher que logo o abandonou. Por anos a fio viveu sozinho em uma casinha no meio do nada e ganhava um extra produzindo vassouras e cortando grama. Ele se tornou um dos personagens importantes de *Dom dzienny, dom nocny* [Casa de dia, casa de noite], embora nem tenha consciência disso porque não sabe ler. A seguir: a sra. J., cujo marido percorreu a pé todo o caminho do Oca até Berlim, só para morrer de uma bala perdida a menos de vinte quilômetros de casa. E o sr. P., um alemão, praticamente daqui, da aldeia, recrutado aos quinze anos para a Wehrmacht. Passados apenas alguns dias do serviço, ele foi capturado e passou dez anos na Sibéria (quando ele fala disso, chora). Ou as irmãs B. B., nascidas na Sibéria mesmo, em um abrigo cavado na terra. Tendo perdido uma casa perto de Lviv, elas passaram a viver com a mãe em uma casa de pasto que pertencera aos alemães. Primeiro a geriram, depois a viram desabar. Agora estão criando abelhas.

Procurei me habituar a personagens como o sr. Ch., produzindo suas biografias em um livro. Tentei fazer isso de um modo que não falte à sua privacidade e dignidade. Tive a impressão de que, contando suas histórias por escrito, eu lhes concedia um nível superior da existência, uma identidade coletiva, tornando-os resistentes à passagem do tempo, salvando-os.

Às vezes, porém, eu trazia à vida literária personagens que não existiam na realidade, mas podiam existir mesmo. Tive até a impressão de que eles deviam existir para preencher uma falta óbvia no mundo real.

No círculo da chamada invenção ocorreram, por vezes, coisas estranhas que mostravam como minha percepção era aguçada, e como o mundo não era óbvio. Em um dos livros criei a personagem Marta, guardiã do vale, uma mulher idosa que vive sozinha na borda da floresta. Ela ficou gravada na memória de muitos leitores, tendo provavelmente algo do arquétipo da Velha Sábia. É estranho, mas vários leitores se lembraram de um pormenor peculiar da roupa de Marta: os buracos alargados dos botões de seu suéter. Também acontecia de algum leitor-turista particularmente obstinado ir à aldeia e perguntar sobre "a casa de Marta", que, de fato, nesta realidade nunca existiu.

Quando muitos anos mais tarde eu conheci os netos das pessoas que construíram a minha casa, que agora vivem na Alemanha, nos sentimos um pouco como uma família. Quando leram meu livro em Esslingen, identificaram lugares conhecidos da infância e decidiram revisitar seu passado. Certo dia, eles visitaram minha casa e foi quando ocorreu algo muito, muito estranho. Não sei bem como contar porque me sinto inibida por sua metafísica descarada. Mas vou tentar.

As minhas visitas trouxeram fotos antigas, inclusive algumas que mostravam sua família inteira fotografada em um dos cômodos da casa que agora era minha. No centro de um grupo de parentes cuidadosamente dispostos, composto de homens (alguns em uniformes da Wehrmacht), mulheres e crianças, estava sentada uma senhora idosa com o cabelo penteado para trás, vestindo um suéter com... buraquinhos alargados. Quando a examinei com mais atenção, fiquei arrepiada. "Quem é essa?", perguntei. "Ah, é a minha avó, Marta", respondeu Siegfried com alegria e orgulho.

Dizem que outras pessoas também passam por acontecimentos assim. Não sinto, porém, nenhuma tentação para desvendá-los. Posso evocar apenas a autoridade amplamente reconhecida de Tomás de Aquino, que, seguindo Aristóteles, definia toda a ficção positivamente: como uma *forma da verdade*.

Há também personagens que permanecem completos na nossa mente, quase não mudam ao longo dos anos e aguardam o momento propício para se manifestar, saltando para fora da caixinha com seu aspecto físico e psíquico, sua vida literária. No meu caso, um desses personagens foi o monge Pascoal de *Casa de dia, casa de noite* — um homem (?) jovem, inseguro quanto a seu gênero e sua identidade sexual, que busca conforto na lenda de santa Kümmernis, que por sua vez foi liberada do gênero com a ajuda de Jesus, que lhe deu sua aparência. (Uma digressão: no momento preciso em que acabei de escrever esta frase, meu marido ligou para me informar que o concurso Eurovisão foi ganho por uma certa Conchita Wurst, mulher barbada, ou melhor: uma drag queen. É uma prova ideal do assunto que eu estou abordando e algo bem visível quando se estudam processos criativos: uma coincidência no tempo e no espaço de eventos sem nexo causal, designada pioneiramente por Jung como sincronicidade — algo que eu recordo para vocês com um sorriso alegre.) Algum tempo depois de ter terminado o livro que fez Pascoal aparecer pronto para assumir seu papel, sem que eu tivesse tempo para pensar muito sobre sua verdadeira origem, eu estava arrumando meus papéis e em um dos cadernos amarelados, ainda dos tempos do liceu, me deparei com o início de um conto — uma das várias narrativas que iniciei naquela época, mas que não costumavam passar das primeiras duas páginas. Ali, encontrei Pascoal no seu hábito sujo, descalço, em dúvida quanto a quem ele é na verdade, o que, no fundo, significa ser mulher ou homem. Tudo indica que eu devo ter inventado e esquecido a figura do monge que aguardou com paciência (onde?) até que eu me tornasse escritora, comprasse uma casa no vale de Kłodzko e topasse em Wambierzyce com uma mulher barbuda, Kümmernis/Vilgeforte, que o invocaria do passado para que eu o colocasse no mosteiro em Broumov, de onde ele poderia apreciar a paisagem do Vale como se olhasse das janelas da minha casa.

Eu tomo a liberdade de abordar o tópico desta forma, sabendo que ela ultrapassa qualquer argumentação racional. Não nos tornamos escritores, porém, para seguirmos limitados às normas geralmente aceitas do raciocínio e desperdiçarmos a vida elaborando notas de rodapé ou se referindo a opiniões alheias. Antes, devemos nos sujeitar àquilo que fala em torno e dentro de nós, abrindo-nos ao nosso destino, ao nosso *daimonion*.

Um ponto de partida para esse assunto será uma citação — e não uma qualquer, porque extraída de *A república* de Platão:

> Depois de todas as almas haverem feito sua escolha, na ordem indicada pela sorte, apresentaram-se diante de Láquese, a qual dava a cada uma o demônio de sua própria eleição, para acompanhá-lo como guarda durante a vida e fazer cumprir o destino por ela escolhido. Para começar, punha o demônio a alma debaixo da mão de Cloto e do turbilhão de fuso em movimento, ratificando esta o destino que cada uma escolhera para si. Depois de tocar no fuso, era a calma conduzida para a trama de Átropos, a fim de tornar irreversível o fio do destino, e a seguir, sem poder virar-se para os lados, via-se forçada a passar por baixo do trono da Necessidade.*

Olhando para a vida em retrospectiva, pode-se achar um ponto de vista que permita descobrir uma espécie de consequência, como se uma possibilidade, um tipo da potencialidade fosse

---

* Platão, *A república*. Trad. de Carlos Alberto Nunes. Belém: Edufpa, 2000, p. 469. [N.T.]

mais forte do que os outros. Eu queria ser escritora já aos doze anos de idade e tenho provas concretas disso porque abaixo do primeiro romance que iniciei, intitulado significativamente *Bruxas*, anotei com minha letra infantil: "Vou escrever livros!". E a partir dali quase todo passo e toda escolha na minha vida me conduziram, de modo mais ou menos evidente — mas também de forma totalmente obscura —, para isso. A rejeição à ideia de me matricular em estudos literários na universidade, decorrente da convicção, provavelmente justa, de que eu ficaria enjoada com a literatura e deixaria de ler de forma inocente. A prática como psicoterapeuta, na qual eu escutava sobretudo histórias alheias, o que me levou a constatar que a nossa compreensão do mundo é composta de narrativas e suas interpretações. A editora que fundei para publicar Jung (e que não deu certo). A mudança para uma aldeia bucólica e a descoberta de que a solidão e a presença da natureza constituem um rico alimento para a imaginação. A intuição que me mandava ficar sempre longe do centro, onde a atividade febril e a sede constante de estímulos tanto inspiram quanto destroem a individualidade do escritor. Enfim, todas as viagens, ocupações e empregos, animais e humanos que encontrei no meu caminho — hoje vejo que tudo isso foi preciso, ou até mesmo indispensável para que eu escrevesse.

"Que metodologia é essa?!", alguns de vocês podem gritar. Olhar o todo a partir do fim. Desse modo cada um pode encontrar uma ordem dentro dele.

Não vejo, todavia, nenhum problema nisso. Essa perspectiva teleológica é tão legítima como as outras. Adotamos um ponto de vista muito parecido ao examinar a evolução dos seres humanos. Examinando suas etapas anteriores, percebemos, nas milhões de mudanças aleatórias que se tornaram adaptações ao meio, uma consequência que fez o ser humano ser o que ele é.

James Hillman, um psicólogo e filósofo conhecido devido à sua particular predileção por teorias pouco usuais, defende que existe, sim, uma autoimagem que nasce conosco. É como uma bolota que dá origem a uma árvore. Não parece ser uma árvore, mas nessa pequena migalha da matéria já cabe toda a potência de um carvalho. Talvez vocês já saibam disso? Já conseguem ouvir o farfalhar das folhas da sua enorme árvore?

Caras e caros colegas escritores, jovens adeptos dessa estranha profissão: a escrita é um inferno, uma tortura incessante, um banho de alcatrão fervente. Ela cansa, destrói a coluna, neurotiza, obriga a competir, ser nomeado, submeter, comentar, querer mal a um crítico cruel, morder dedos de nervoso depois de uma resenha desfavorável. Mas a escrita é também um paraíso. Ela dá uma sensação de poder, transforma a vida em um passatempo sem fim, permite ter contato com matérias e pessoas sábias e interessantes, força a pensar e abordar vários assuntos de ângulos incomuns, manda perguntar sempre a si mesmo "quem sou?", desenvolve a empatia e faz com que entendamos melhor os outros. Também nos isenta da necessidade de acordar todas as manhãs para o serviço e trabalhar como burro de carga para o proveito alheio.

Acho que a literatura sempre implica uma espécie de abnegação. É claro que nós, autores, queremos ser vistos com bons olhos e impressionar. É óbvio que esperamos elogios e atenção. Isso é humano. Mas, de fato, queremos ao mesmo tempo escrever algo que tenha valor por si mesmo, também do ponto de vista da coletividade. Se prestarmos atenção, é evidente que cada livro bom altera um pouco nosso mundo, introduzindo personagens, perguntas, descobertas inéditas. Antes de Proust e Prus tudo era diferente do que é depois deles.

Desejo a vocês que possam criar em um mundo em que seu trabalho seja recebido com interesse e respeito. Em que os críticos capazes de escrever uma resenha perspicaz do seu romance tenham ressuscitado. Em que, nos jornais mais lidos, surjam volumosos suplementos literários semanais, cheios de críticas extensas e análises profundas, notícias de tendências e discussões animadas, com cartas de professores provincianos preocupados com a condição da literatura. Desejo a vocês que não precisem aparecer em programas televisivos idiotas, em que de tudo o que disserem será destacada apenas uma frase engraçada. Que não sejam forçados a chocar com a sua intimidade para que seu nome se mantenha por mais tempo na lista dos best-sellers. Desejo a vocês que se alegrem com os sucessos dos seus colegas escritores e que não sintam muita *Schadenfreude*, porque literatura boa em abundância melhora os padrões e leva todos para a frente. Sobretudo, desejo a todas e a todos que leiam, e não escrevam, porque creio que nesse fenômeno todo que chamamos literatura, a essência é precisamente a leitura.

Virginia Woolf o definiu bem em *Ficção moderna*:

> Não escrevemos melhor. A única coisa que se pode afirmar é que seguimos avançando, agora nesta direção, depois naquela, mas com uma tendência circular, se olharmos para toda essa trajetória de um pináculo bem alto. Não é necessário dizer que não pretendemos, nem por um instante, adotar aquele ponto de vista. Em um terreno plano, no meio da multidão, meio cegos pela poeira, olhamos com inveja para trás, para aqueles guerreiros mais felizes, cuja batalha foi ganha e cujos sucessos têm agora um ar tão sereno de grandes feitos que mal conseguimos nos impedir de sussurrar que a luta deles não deve ter sido tão dura como a nossa.

Palestras de Łódź

A psicologia do narrador

Como vocês sabem, sou escritora, artesã que trabalha em um domínio muito específico da atividade humana: minha ocupação é contar histórias e colocá-las, já prontas, à disposição da experiência individual do leitor e dos indícios comuns do imaginário coletivo. É um trabalho de difícil definição. Na Receita, eu e as pessoas afins somos designados como artistas e há sempre o problema de como calcular nossos impostos. Criamos, de fato, algo a partir do nada, tecendo tapetes voadores de fios invisíveis e tirando coelhos da cartola.

Nas três palestras que estou orgulhosa de dar nesta faculdade, a convite das professoras da Universidade de Łódź, Krystyna Pietrych e Joanna Jabłkowska, eu gostaria de examinar o processo da criação e o modus operandi de três dimensões do romance: a emergência de uma voz chamada narrador, a construção das armações do mundo ficcional e a origem dos personagens (com atenção particular a uma delas). De todos os métodos disponíveis no enorme mercado dos estudos literários, uso apenas um: a boa e velha introspecção. Lembremos, aliás, que foi a partir da introspecção que se desenvolveu toda a ciência psicológica. O meu ponto de vista será pessoal e, sinceramente, inverificável.

Vou tentar esboçar aqui uma espécie de introdução à psicologia do processo criativo.

Eu recomendaria, aliás, a elaboração dos fundamentos de uma disciplina científica, designada psicologia da obra literária, que pesquise interações e influências mútuas entre o autor e o narrador, bem como o narrador e os personagens, construindo tipologias, medindo reações e investigando personalidades e motivações. Seria também uma disciplina que estudaria com afinco a psicopatologia do romance — é até possível imaginar uma forma de terapia institucionalizada à qual sujeitaríamos narrativas perturbadas e mal adaptadas. Com certeza isso faria bem à literatura.

Quadro

Dos tempos em que eu era uma garotinha, me lembro da reprodução, que sempre me fascinou, de um quadro de Paul Klee pendurada sobre as escadas da minha casa. Eu ficava na ponta dos pés, examinando demoradamente cada pormenor daquele desenho aparentemente simples e sentindo uma profunda comoção e um prazer cheio de satisfação. No primeiro plano, bem no centro da imagem, via uma figura monstruosa, ao mesmo tempo engraçada e apavorante, suspensa no ar. Era como um balão enorme e inflado, desenhado por uma criança, com um nariz gigantesco e provocativamente vermelho. Ela flutuava, lembrando uma representação infantil de monstro. O terror e o ridículo se misturavam na sua forma dilatada.

Mas a verdadeira protagonista daquele quadro é a pequena figura de uma criança, uma garota com círculos nas mãos, em pé junto a um piano em cima do qual se encontra uma menorá de sete braços. Só agora percebemos que o monstro, apesar do tamanho e da forma assustadora, está sob o controle da menina, depende dela, e que por certo foi ela quem o criou. Ele "dança ao seu canto suave". "Dança, monstro, ao meu canto suave!" — foi assim que eu guardei na memória o título polonês daquela imagem que no original era: *Tanze Du Ungeheuer zu meinem sanften Lied!* A imagem ficou gravada na minha memória por muito tempo.

Voz

A reflexão sobre o narrador dos nossos romances não surge de repente, mas ao mesmo tempo não costuma nos interessar até que ouçamos nossa voz repercutida nas palavras alheias. Eu, no início, tampouco me debrucei sobre isso. A admiração prematura, narcisista e penetrante pela emissão da própria voz lembra a alegria de uma criança que começa a balbuciar e fica espantada, enxergando reações aos sons que produz como prenúncio do poder. Escrevo! Invento! O assunto parece óbvio e natural como mover-se, andar, falar.

Jovens autores ou autoras que sucumbem à sensação muito sedutora da alegria da escrita muitas vezes presumem espontânea e irrefletidamente que o responsável por isso é o mesmo "eu" que se realiza a cada dia, come, dorme, viaja e ama. É mais raro repararem que, no momento em que transferimos uma visão para o papel, nos envolvemos em um processo psicológico pouco compreendido que ultrapassa as fronteiras estabelecidas do que já sabemos, abrindo-nos a outras regiões, só em parte verbalizadas.

Com frequência tenho a sensação de que a escrita exige mais do que uma boa história, um tópico, por mais fantástico que seja, uma pesquisa minuciosa e todas as outras condições (um teto todo seu, um pouco de calma, tempo livre e coisas afins). O autor ou a autora tem que entrar em uma corrente peculiar, imprescindível para que surja uma narrativa — caso contrário, ela permanece para sempre uma visão cintilante e imprecisa. Assim chamei esta corrente: uma voz.

Ainda consigo me lembrar hoje das primeiras tentativas de captar a voz dos meus romances iniciais, quando me remexia na cadeira de modo instintivo, meio inconsciente, e cheia de impaciência olhava ao redor, esperando encontrar ali algo ou alguém que me ajudasse.

Não se trata, no entanto, de algo literalmente audível que fale dentro da minha cabeça. Não; se fosse assim, eu deveria antes me dirigir a um psiquiatra. Refiro-me mais a uma dramaturgia interna. Aquela voz corresponde, em sua essência, ao som de um espaço ao qual voltarei na última palestra: uma dimensão mediadora entre a pré-forma imaginária da narrativa, a linguagem e, por fim, o leitor. Quando o narrador se constitui através da voz, ele se envolve em um monólogo interior ou um diálogo que às vezes pode ser muito dramático mesmo.

Com efeito, a narração é, para começar, um *ato do poder*, uma repetição da obra da criação bíblica em que o Verbo se faz carne, constituindo uma afirmação do "eu" que cria, inventa, fantasia, entregando-se totalmente à imaginação.

Quem/o que é, no fundo, o "eu" que fala, aquela voz que encontra fulcros que só ela conhece, de modo que a história pareça segura e inspire confiança? Será que ela fica dentro de mim, pronta, cada vez que se levanta, para ocupar-se de um tema? Ou será algo que surge como um inquilino, por assim dizer, só durante o tempo da narração, mas depois se dissolve nos vastos abismos da psique? Ou talvez ela venha de fora, sendo voz de outros seres, e um contador ou uma contadora se conecta com ela como um médium? (Foi desse modo que Hilary Mantel descreveu recentemente sua técnica, falando sobre a escrita do aclamado romance *Wolf Hall*.)

Nos meus primeiros livros eu procurei essa voz intuitivamente, confundindo-a com a inspiração. Nos momentos de incerteza, eu ia para minha estante e pegava meus romances preferidos, querendo me "imbuir" da fala alheia. Eu não sabia naquele tempo como funcionavam as vozes interiores: que tinham predileção por certos tópicos; que podiam ser nutridas por um tipo de literatura ou, pelo contrário, levadas à fome com outro; que umas vinham mais naturalmente, enquanto outras exigiam que se lutasse por elas. Com umas o trabalho ia de vento em popa e com outras era necessário arrancar cada frase.

Desse modo descobri a existência sutil e misteriosa do narrador.

Estranho

Aquilo que fala dentro de nós, o narrador, não se encaixava muito bem na forma do meu "eu". Mesmo que seus contornos sejam supostamente iguais, ele às vezes transbordava, apossando-se de espaços livres do "eu", lugares periféricos, fronteiriços, da existência, dos quais eu não fazia ideia.

Às vezes, quando eu estava meio dormindo, vinha uma frase, sabe-se lá de onde, que dava sentido a um personagem que estava sendo criado, ou eu ouvia trechos de um diálogo. Muitas dessas invasões eram praticamente incompreensíveis, mas falarei sobre elas na próxima palestra quando nos debruçarmos sobre personagens. Sequências de associações, absurdas e aleatórias à primeira vista, de repente se transformavam em uma história consequente.

Vladímir Nabókov — um escritor cuja perspicácia eu estimo muitíssimo — fala de uma intuição parecida do seguinte modo:

> É como um quebra-cabeça que se arrumasse em um instante em seu cérebro com o próprio cérebro incapaz de observar como e por que as peças se encaixam, e você tem a sensação arrepiante de algo mágico, de alguma ressurreição interna, como se um *homem morto* fosse revivido com uma poção brilhante preparada rapidamente em sua presença.*

---

* Vladímir Nabókov, "A arte da literatura e o bom senso". In: *Lições de literatura*. Trad. de Jorio Dauster. São Paulo: Fósforo, 2021. Grifo de O. T. [N.T.]

Nabókov constrói aqui uma imagem que parece advinda da rica mitologia da possessão, que tem estado na moda em certos círculos: graças a algum fator misterioso, um ser morto dentro de nós ressuscita e acorda, proferindo uma voz.

Sentimos com um arrepio que na nossa imaginação surge um golem, trazido à vida para determinado fim através de um feitiço, uma palavra, e apagado com outra combinação de signos secretos. Golem é um ser feito de barro (como o homem no mito hebraico da criação do mundo), mas no seu caso o espírito vivificador não é o sopro divino, mas um encanto escrito em um pedaço de papel: uma palavra, מתא (*emet*), que em hebraico quer dizer "verdade". O apagamento da primeira letra, *alef*, resulta no adjetivo מת (*met*), que em hebraico significa "morto". Essa instrução tão concisa podia inspirar os engenheiros da Ikea a simplificar as suas. Como nos lembramos, um golem vivificado era despojado de alma e totalmente dependente das ordens do homem.

Nos tempos considerados época do domínio da razão e do início da confiança absoluta na ciência, surgiu outro monstro: Frankenstein, trazido à vida através de uma experiência irresponsável. Um ser colado de fragmentos de cadáveres de pessoas, então de certa forma um ente coletivo, é sujeito a um fator ao mesmo tempo mítico e científico: faísca elétrica transformada em relâmpago. Apesar das boas intenções do seu criador, Frankenstein é imprevisível e, na verdade, extremamente perigoso.

Ambos os personagens, mitificados pela cultura pop, envolvem o elemento do medo de perder o controle. Trazemos certos seres à vida para desempenhar suas tarefas ou pela simples curiosidade, mas não sabemos dominar as forças que liberamos. Como um aprendiz de feiticeiro.

Reparemos também que nem um golem nem o monstro de Frankenstein falam. Como imitações imperfeitas do humano, eles são despojados da voz. Desse modo, não podem se tornar criadores por si mesmos porque não são os signos, mas é a voz que constitui o verdadeiro meio da criação. Deus fala, não escreve. "Haja" é uma ordem pronunciada em voz alta, que é a real ferramenta criativa.

Uma imagem ainda mais contemporânea é *Alien, o oitavo passageiro*, um filme cult que revirou nossos resíduos do medo, criando um tipo de ameaça completamente novo: um monstro dentro de nós mesmos que vive à nossa custa no interior do nosso organismo. Ele nos explora como hospedeiros, sendo um parasita, um estranho em vários níveis, que provém dos terríveis abismos do universo e eclode no nosso corpo, apoderando-se do organismo e da mente inteira e, de certa forma, se autorreplicando em outros seres humanos.

O parentesco do narrador com os monstros parece indiscutível, embora, ao contrário destes, aquele seja aparentemente inofensivo. Não tem corpo, sendo, portanto, imaterial. Não perambula pela vizinhança caçando garotinhas, nem põe ovos em organismos humanos. É uma voz pura e inocente. Não há razão para ter medo dele.

Não escondo que a formulação de Nabókov, que concerne a um ente morto dentro de nós, me comove muito por assemelhar-se com minhas intuições a respeito do processo que se concretiza no meu interior. Algo se torna vivo, algo parece acordar... Mas se algo se deixa ressuscitar com uma poção brilhante, isso quer dizer que não está completamente morto, mas antes só parece morto, seco como uma rosa do deserto que floresce em um ambiente propício e volta à vida. É algo adormecido que evidencia seu poder, como um gene inativo, trazido de um passado longínquo e ancestral, que só é despertado por uma combinação única de condições e circunstâncias. Ou quem sabe seja uma voz da cripta, uma fala dos mortos, como diria Hilary Mantel, um signo do passado, da memória, do inconsciente coletivo, dos resíduos antigos da experiência herdados sabe-se lá como? De qualquer modo, é uma voz habilidosa na narração que sente todos os perigos da emergência de uma história, junto com seus encalhes.

Exercício

A primeira vez que ponderei sobre o narrador foi durante a escrita de *Casa de dia, casa de noite*. Era um final de tarde de inverno — um daqueles em que você fica sozinha em um quarto escuro, iluminado apenas por um pequeno candeeiro na escrivaninha, com o rosto enfrentando o branco da tela, e cada frase arrancada de dentro de você parece o fragmento de uma história amassada em bola — quando me fiz as seguintes perguntas inquietantes: Quem diz isso? Quem tece esta trama dentro de mim? Quem, com muito cuidado, desenrola o novelo? Será que esta história é minha, ou ela já existe em algum lugar, já aconteceu ou foi pensada, mas por alguma razão continua ainda em um depósito de existência e meus gestos atentos, minhas comoções felizmente são capazes de a transferir da inexistência para a existência, para a tela? E depois clicar: "Salvar".

Naquele momento eu estava — me lembro disso muito bem — me debruçando sobre Kümmernis, ou antes sobre Pascoal, um monge transsexual que no meu livro escreve a história da santa de vários nomes, padroeira (na verdade devia ser: madroeira) de assuntos vagos e fronteiriços, despedidas e até — atenção — divórcios. Uma estranha imagem dela se encontra em Wambierzyce (Albendorf), antigamente conhecida como Jerusalém do Norte.

Aqui acho necessário fazer uma pequena digressão sobre o monge Pascoal.

É mais velho do que pode parecer, mais velho do que o próprio livro, tendo aparecido na minha cabeça nos anos 1970, quando eu era adolescente, como um personagem quase acabado. Não faço ideia de onde ele veio, de quais leituras se originou, de quais profundezas do inconsciente emergiu. Eu guardei esse personagem por escrito, sem saber quem ele era nem para que eu ia usá-lo. Esqueci-me dele por mais de vinte anos. Quando estava trabalhando em *Casa de dia, casa de noite*, ele regressou como o filho pródigo que havia perambulado pelo mundo, mas agora desejava se envolver nos negócios de família. Pascoal surgiu como um narrador secundário que imediatamente se pôs a relatar, com uma pena de ganso, escrevendo uma biografia apócrifa da santa barbada.

Pascoal registra a história de uma mulher mítica de vários nomes: Vilgeforte, Kümmernis, Liberata... E requer ajuda da minha parte. Tenho que vascular alguns livros, fornecendo-lhe informações concretas, mas tenho a impressão de que, em grande parte, ele compõe seu texto de memória, "de si mesmo". A tarefa vai avançando bem: Pascoal escreve e eu escrevo sobre Pascoal que escreve sobre Kümmernis. E quando dou nome ao capítulo, intitulo-o sem hesitação: "Quem escreveu a vida da santa e como sabia de tudo". Foi porque eu percebi de repente que no dia anterior existiram só alguns pensamentos, nomes, ideias diligentemente anotadas, informações de livros e guias, e hoje tudo isso já é uma história inteira, independente, compacta e pronta para sair para o mundo.

Como o narrador "sabe" o que conta? Será que a criação ocorre primeiro no pensamento e só depois é colocada no papel ou na tela, ou talvez ela aconteça no próprio ato da escrita?

Há livros que se escrevem sozinhos, desde que se encontre para eles uma voz adequada. Outros ficam aguardando por muitos anos, permanecem dispersos em notas e esboços. O narrador forte, autoconfiante e onisciente de *Outrora e outros tempos*, junto com sua tendência a frases curtas e estilo bíblico, fez com que o trabalho no livro fosse puro prazer.

Escrevi-o com facilidade, confiando nas soluções radicais do narrador concernentes à divisão do texto, à clara delimitação do espaço de ação, e coisas afins. Foi a voz de *Outrora* que me ajudou a descobrir também o poder do fragmento.

Mas há também coisas que exigem negociações demoradas. Às vezes, o narrador é caprichoso, aparece e desaparece. Foi o que aconteceu no caso do meu livro seguinte, ou seja, o já mencionado *Casa de dia, casa de noite*.

À primeira vista, a narradora desse livro se parece com a autora: é uma pessoa que resolve morar em uma antiga casa do período pré-guerra no vale de Kłodzko. São suas histórias sobre a familiarização com o espaço, sobre pessoas e eventos, que constituem o tecido da narrativa. Mas, se examinarmos a narração de modo mais atento, logo descobriremos que a narradora é pequena demais, frágil demais para abranger todas as dimensões do relato. Constantemente as histórias escapam para além do seu horizonte epistemológico, viajam no tempo, formam coincidências e relações. Essa não é, com certeza, a perspectiva de uma pessoa real. A impressão é de que a narradora, esboçada em poucas linhas, é sequestrada por uma voz mais poderosa, muito mais ampla e universal. Os dois pontos de vista — o pessoal, particular, e o geral — se entrelaçam de modo que todas as tramas fiquem imbuídas, em graus diversos, da sua dupla presença.

Parecia, portanto, que uma parte de mim resolveu se individualizar de um todo maior e falar com voz própria, uma voz de narrador panóptico (que será abordado adiante), onisciente — um narrador que seja capaz de contar, com enorme meticulosidade, as histórias dos moradores da casa no período anterior à guerra, saiba de perucas e tenha muito a dizer sobre fungos. A sua perspectiva é, às vezes, excêntrica, esquisita, mas por isso mesmo também animadora e surpreendente.

Foi cedendo a iniciativa ao narrador que eu consegui escrever o romance. Eu podia recuar um pouco, sentindo que desse modo a narrativa teria uma energia própria, e essa nova perspectiva fez com que a tarefa avançasse mais depressa. Você começa a tratar a escrita como trabalho em uma fábrica: fica sentado e digita no teclado. Só isso. O narrador principal de *Casa de dia, casa de noite* me mandou regressar ao início do livro em que ele se apresenta:

> Pairo bem alto sobre um vale, em um ponto indeterminado, a partir do qual vejo tudo ou quase tudo. Movimento-me dentro deste olhar, mas permaneço no mesmo lugar. Ou melhor, é o mundo que eu vejo que a mim se rende, quando olho para ele. Avança e recua para que eu possa ver tudo de uma vez só ou apenas os menores detalhes.
>
> Vejo então o vale onde bem no meio há uma casa, mas esta não é a minha casa, nem este é o meu vale, porque a mim nada pertence, porque eu sou *aquilo* que não pertence a si mesmo, nem sequer existe uma coisa como *eu*. Vejo a linha em forma de arco do horizonte que envolve o vale por todos os lados. Vejo um riacho turbulento e turvo correndo entre os montes. Vejo as árvores enraizadas na terra com suas pernas potentes, como animais unípedes, imobilizados. A imobilidade daquilo que vejo é aparente. Quando eu quiser, consigo ver além das aparências. Então, sob a casca das árvores, vejo correntes de água e seixos que se movimentam para a frente e para trás, para cima e para baixo. Sob o telhado, vejo os corpos de pessoas dormindo e a sua imobilidade também é aparente — nesses corpos pulsam suavemente os corações, o sangue murmura nas veias, vejo até os seus sonhos que não são reais, e vislumbro o que eles são de verdade — fragmentos de imagens latejantes. Nenhum desses corpos que sonham me é próximo ou afastado. Eu, pura e simplesmente, olho para eles e me vejo no emaranhado de seus pensamentos oníricos — e é neste momento que descubro uma estranha verdade. Sou um olhar, sem reflexão,

sem juízos, sem emoções. E logo descubro outra coisa — que também sou capaz de ver através do tempo. Da mesma forma que mudo o meu ponto de vista no espaço, também posso mudá-lo no tempo, como se *aquilo* que eu sou fosse um cursor numa tela de computador, que se movimenta por si só ou, pelo menos, nada sabe da existência da mão que o movimenta. [...] Não existe antes nem depois; também não espero nada de novo, porque não posso ganhar nem perder. A noite nunca mais acaba. Nada acontece. Nem mesmo o tempo altera o que vejo. Olho e não vejo nada de novo, mas também não esqueço nada daquilo que vi.

Quem é aquele/aquela/aquilo que logo no início revela, por um instante, sua identidade? Será mesmo "um homem morto" que eu ressuscitei e que a partir de agora eu vou seguindo, enquanto ele, através de suas metamorfoses, interferências, anexações e usurpações determina as balizas da corrente abundante, mas caótica, da minha imaginação? Será que ele vai estabelecer comigo relações complexas, vamos agora partilhar pontos de vista, puxando, cada um para o seu lado, o tecido delicado e intrincado da narrativa?

Com certeza, alguém pode sentir nesse momento um desconforto devido à dissociação que eu estou apresentando. Porém, na psicologia do romance, que eu proponho de um modo meio jocoso, a dissociação é um termo importante. Para mim, a personificação é um atributo inalienável da nossa "mente antiga", ou seja, de um modo de pensar mitológico que nos nossos tempos foi considerado infantil ou primitivo, mas que continua ao alcance das pessoas que criam histórias. A personificação é uma forma de ser no mundo, que consiste na percepção dele enquanto campo psicológico vivo em que eventos e experiências são espontaneamente transformados em presenças psíquicas que nos movem, nos tocam e falam para nós.

Provas de voz

Desde os tempos de *Casa de dia, casa de noite*, pratico por mim mesma "exercícios de narrador". O melhor campo para essas provas — que às vezes parecem uma ginástica ordinária e tediosa, uma repetição contínua do mesmo movimento para exercitar músculos específicos, e outras vezes lembram até um espetáculo de luta livre — são contos. Não foi por acaso, portanto, que imediatamente após o fim do livro passei a concretizar todas as ideias que aguardavam voz na incubadeira. Hoje, passados muitos anos, penso que eu podia tratar a coletânea *Tocando vários tambores* como uma academia. O primeiro conto, "Abre os olhos, já morreu", é muito especial. Somos arrastados para dentro das angústias e dilemas de uma leitora que não gosta do romance policial que está lendo. Ela o considera entediante e prolixo e por isso resolve entrar nele e acelerar a ação. A história é contada por um narrador que conhece tanto o romance policial em questão quanto a vida e os pensamentos da leitora. Ele vê e descreve, portanto, ambas as instâncias, relatando os eventos de modo impassível e lavando as mãos. No conto seguinte, "Mês escocês", uma narradora em primeira pessoa, muitíssimo parecida com a autora, relata sua viagem para a Escócia, com uma bolsa de estudos, e não para de segredar ao leitor suas dúvidas criativas relacionadas com a verdade e o fingimento na escrita. No volume há também o texto intitulado "Ilha", em que escutamos as confissões de um homem que sobreviveu incrivelmente a um naufrágio e procura capturar sua estranha experiência em uma carta ditada ao gravador, destinada a uma escritora que poderia ser eu mesma. O homem resolveu se abrir com ela por considerar que sua competência para escrever seria maior do que a dele, mas a carta gravada é um conto in extenso e as habilidades do autor se mostram extraordinárias...

Lembro-me das diversas formas de todo tipo de prazer que senti ao escrever esse livro. Recordo a alegria de gerir mundos existentes e inexistentes e narrá-los como se fosse do alto, de um ponto celeste, como o Espírito Santo (como em "Bardo. Presépio"), ou assumindo a posição de uma completa estranha e navegando em busca de uma voz específica, como em "Ilha". Afinal, eu pude usar também minha identidade formal, como no conto que dá título ao volume, em que ela se deixa desconstruir e reconstruir elegantemente. Se algo traz alegria no ato de escrever, é sobretudo esse constante jogo com a vastidão de si mesmo.

Hoje, quando penso nesse livro, entendo bem seu título: *Tocando vários tambores*. É minha aventura com narradores potenciais, identidades com as quais o escritor ou a escritora formam uma aliança durante a atividade criativa. A coletânea se encerra com o texto que dá nome ao livro: um conto sobre a ondulação de identidade, sobre a procura de identidades usadas como roupa que em determinado momento da vida nos servem para cristalizar aquilo que somos — um punhado de potencialidades, uma associação de personagens, um elenco do "eu".

Há filósofos e psicólogos para quem não existe algo como um "eu" real e profundo. É só uma ilusão. Há tantos "eus" quanto imagens, arquétipos e eventos ao nosso redor. O "eu" é um fluxo de sensações que se acumulam na armação caótica do nosso temperamento e das características psicológicas fundamentais como lixo em um ramo submerso na corrente de um rio.

Em vez da ilusão da singularidade e integridade, no nosso interior há uma multiplicidade, uma potencialidade infinita, que não somos capazes de esgotar nem realizar até o fim da vida. Essa pluralidade e polimorfia natural da psique e sua tendência para fantasiar e sonhar com diversas figuras imaginárias não devem nos preocupar. Não têm nada a ver com possessão demoníaca. É mais uma prova dos nossos laços inextricáveis e praticamente infinitos com o resto do mundo.

Gênero do narrador

Vocês se lembram de um poema de Kaváfis, traduzido de modo tão bonito por Zygmunt Kubiak? Deixe-me lembrá-los:

Ciało, pamiętaj...

Ciało, pamiętaj nie tylko to, jak bardzo byłoś kochane,
nie tylko posłania, na których leżałoś,
ale i te pragnienia, które ku tobie
jawnie pałały w oczach
i drżały w głosie — a jakaś
przypadkowa przeszkoda je udaremniła.
Teraz, gdy już to wszystko w przeszłość się zapadło,
wydaje się niemal, że i takim się oddałoś
pragnieniom — jak pałały,
pamiętaj, w oczach, które się wpatrywały w ciebie,
jak w głosie drżały ku tobie, pamiętaj, ciało.*

Será que sentem, como eu, uma espécie do prazer linguístico quando ouvem as formas do pretérito da segunda pessoa do

---

* A tradução polonesa é lembrada por extenso devido às soluções formais comentadas pela autora mais adiante. O poema, na tradução de Ísis Borges da Fonseca (*Poemas de Konstantinos Kaváfis*. São Paulo: Odysseus, 2006): "Corpo, lembra não só quanto foste amado,/ não somente os leitos em que deitaste,/ mas também aqueles desejos que por ti/ brilhavam nos olhos claramente,/ e que tremiam na voz — e que algum/ obstáculo fortuito frustrou./ Agora que tudo já está no passado,/ parece, quase, que àqueles desejos também/ tu te entregaste — como eles brilhavam,/ lembra, nos olhos que te contemplavam;/ como tremiam na voz, por ti, lembra, corpo". [N.T.]

singular em gênero neutro?* Estas byłoś [foste], leżałoś [deitaste], oddałoś [entregaste] que o dicionário do meu computador insiste em sublinhar como erradas? São desinências verbais extraordinárias que podem aparecer apenas quando nos dirigirmos diretamente a um objeto a nosso dispor, quando dissermos "você" a algo que fica além do gênero. Cometemos um pecado enorme descartando as marcas deste neutro sutil, eu diria até sagrado, em prol da redução de tudo a uma simples distinção entre feminino e masculino. Há, de fato, uma parte gigantesca do mundo que não cabe nessa vulgaridade generalizada.

A alteridade do narrador e sua independência em relação a mim foram marcadas em *Casa de dia, casa de noite* através do apagamento do gênero, apreendido geralmente de modo dualista, e sua transformação em um neutro sagrado e onisciente, por isso mais fidedigno, não intermediado por quaisquer condições biológicas e culturais. Quando eu coloquei as formas verbais neutras na tela, fiquei espantada com o fato de que a língua polonesa dispunha dessas desinências. Pronunciar esses verbos em voz alta criou no meu quarto uma onda sonora que parecia alterar sutilmente os contornos dos objetos. O som deles era estranho e misterioso, como se de repente eu tivesse contato com outra dimensão do ser, uma dimensão que

---

* Enquanto na língua portuguesa, nas formas verbais do pretérito da primeira e da segunda pessoa do singular, o gênero do sujeito não é marcado pela desinência (nos casos em questão: "fui" e "foste", "deitei" e "deitaste", "entreguei" e "entregaste"), em polonês as mesmas formas verbais assumem obrigatoriamente gênero masculino ou feminino (respectivamente: *byłem/byłam* e *byłeś/byłaś*, *leżałem/leżałam* e *leżałeś/leżałaś*, *oddałem/oddałam* e *oddałeś/oddałaś*). A tradução polonesa do poema de Kaváfis, a que a autora se refere, é criativa porque, para falar do "corpo", que em polonês é um substantivo de gênero neutro, utiliza, na segunda pessoa do singular (desinência -ś), formas potenciais criadas a partir do gênero neutro que existe apenas na terceira pessoa do singular (*było, leżało, oddało*). [N.T.]

sempre estivera aqui, mas só agora, quando descobri o código, deixou que eu a abrisse.

Por azar, esse modo de sublinhar gramaticalmente a isenção de gênero ficou restrito apenas à primeira edição do romance.* Nas revisões posteriores, devem ter agido editores e editoras com atitudes mais radicais, que, vendo as formas neutras, arregalaram os olhos e as transformaram em formas banais do feminino.

A questão do gênero na escrita já ocupou especialistas de estudos literários, sendo discutida também por leitores e escritores. Sobretudo as autoras precisavam ter uma opinião a respeito da literatura escrita por mulheres (era mais raro que isso concernisse à literatura escrita por homens, considerada universal e, com efeito, neutra). Os estudos sobre a categoria de gênero estruturaram, em certo grau, o assunto. Para mim, porém, sempre foi óbvio que, no espaço da ação de uma voz narrativa, o gênero ainda (ou talvez já) não exista, parecendo algo bastante superficial, à medida que nos movemos pelas regiões profundas da psique humana.

Tzimtzum

Do ponto de vista psicológico, trazer o narrador à vida significa recuar, encolher-se. A questão é ceder lugar e deixar espaço para um mundo que precisa se formar para que possa ser contado. Uma autora ou um autor deve reunir coragem e se recolher, um pouco como um anfitrião que cumprimenta a visita à porta e a conduz para a sala, recuando cada vez mais para os fundos da casa.

---

* Para reproduzir a sensação causada pelo gênero neutro no trecho supracitado da parte inicial de *Casa de dia, casa de noite*, foram utilizadas formas como "aquilo que sou". [N.T.]

Da tradição mística judaica conhecemos o conceito de *tzimtzum*. Ele se evidencia quando se fala sobre a criação do mundo e a necessidade da contração de Deus para que, dentro da potencialidade infinita, haja espaço para um mundo finito e sujeito a leis.

No nosso caso, delimitamos dentro de nós um lugar para a narrativa, deixamos que personagens nos povoem, entregamos as rédeas ao narrador, cedemos tempo e espaço em nós, em nossa vida, a um drama interior. É possível que o que acontece aqui seja uma regressão. Renunciamos, em algum grau, a nossa vida adulta, a nossa vontade e nosso senso comum, limitamos o desejo de afirmação e valorização, abrimos mão de simples distinções e leis. Desconfio ainda de que desistamos das nossas capacidades analíticas e racionais, criando coisas que não sabemos se um dia serão lidas com interesse por alguém. Eu diria até que de certa forma ficamos tolos.

Recuar significa, nesse contexto, "diminuir-se", tirar o ar do balão inflado de si mesmo, o que pode ser considerado uma excentricidade na cultura em que se supervalorizam incentivos para "ser você mesmo" e todas as formas de "bombar" o ego. Cedamos o quarto ao hóspede e vamos dormir no sofá da sala.

A autolimitação é ao mesmo tempo dolorosa e extática. As ordens do narrador são perfeitamente visíveis, já que tudo se submete à ideia do romance: leituras, horários de trabalho, interesses, datas de férias, destinos de viagens, sonhos, os primeiros pensamentos depois de acordar. Às vezes, sabe-se lá de onde, surgem na cabeça frases inteiras que só após um instante podem ser identificadas como provenientes, sem dúvida, do romance que está por vir. Estabelece-se certa ordem e os pensamentos deixam de se dispersar, seguindo para o destino em uma corrente cada vez mais nítida.

Quando já se tiver descoberto, o narrador altera a vida do autor, exigindo seu próprio tempo de narração e um trabalho metódico.

Claro, é possível negligenciar o narrador, não querer ouvi-lo, não o alimentar. Isso acontece quando as circunstâncias externas não permitem que nos concentremos e nos dediquemos à tarefa. A voz interior ainda demanda o que lhe é devido, cutuca, ou até dá uns gritos nos momentos de hipnagogia, mas acaba por sumir, fazendo com que a história se estilhace e, enfim, desapareça. Só sobram anotações. Nós as encontramos após vários anos, como arqueólogos que escavam fragmentos das cidades muito tempo depois de elas terem deixado de existir.

Talvez seja daí que vem uma convicção partilhada por muitos criadores de que foram *alugados* para conduzir a narrativa de modo mais ordenado e coerente possível. Como no poema "Secretários" de Czesław Miłosz:

Não sou mais que servo de uma coisa invisível
Que é ditada a mim e a mais alguns.
Secretários, mútuos desconhecidos, andamos pela terra
Entendendo pouco. Começando no meio da frase,
Interrompendo antes do ponto-final. E qual será o total,
Nós não o saberemos porque nenhum de nós o lerá.

Tetraktys

A divisão do "eu" em constructos mais ou menos abstratos tem uma longa tradição. Desde a distinção clássica entre a alma e o corpo até Freud, que viu na nossa psique três forças independentes, ou até mutuamente antagônicas, que transformavam nosso "eu" em um campo de empurrões e lutas: ego, id e superego.

A navalha de Ockham é uma ferramenta que certamente não funciona no mundo da imaginação. Talvez uma condição sine qua non de escritoras e escritores seja esta: eles não param de multiplicar seres. Eu sempre encontrei enorme prazer em todos os sistemas baseados na fragmentação de totalidades em componentes menores que cooperam (ou não) uns com os outros. A tríade freudiana devia ser corrigida o quanto antes, passando a ser um *tetraktys*, uma arquitétrade de forças, de modo que ao ego, id e superego seja acrescentado ainda o narrador: uma força que transcende os limites do "eu" e comunica as outras três com o mundo.

Talvez o narrador seja a parte comunicativa, socialmente direcionada, da nossa psique, sem a qual não seria possível formar uma comunidade. A tríade de Freud parece, por certo, muito autocentrada, como uma mônada orientada para a economia interna que mantém com o mundo contatos bastante frios, limitados a pulsões e/ou proibições e deveres. Entretanto, as narrativas urdidas de forma espontânea e natural, ao se espalharem em todas as direções, formam uma espécie de rede que envolve o mundo. É interessante que se possa representar o desenvolvimento do ser humano como um adensamento e fortalecimento dessa rede. Ainda que as próprias narrativas mudem pouco ou nada, a rede enquanto modo de transmissão é sempre sujeita a constantes metamorfoses e sua forma instável se ajusta aos tempos e às modas.

Ou melhor: o narrador é algo como nosso cérebro reptiliano, uma estrutura antiga, indispensável do ponto de vista evolutivo, porque graças a ela o mundo foi narrável, ou seja, suscetível de compreensão e, sobretudo, de mudança. A narrabilidade do mundo o abre imediatamente à probabilidade da existência de outras versões dele, o que por si mesmo já abarca uma semente revolucionária. Talvez o narrador seja eterno e exista desde o começo da espécie humana, pertencendo à esfera de *narratorium* onde se dá corda aos ritmos de vida e os processos caóticos de entropia se ordenam em esquemas lineares de enredo. Aqui surge o pulso da narrativa e as imaginações fantasmáticas se entrelaçam em mitos e arquétipos.

Na sua natureza mais profunda, o narrador é contra a linguagem coloquial, gratuita, fática, que não consegue exprimir a complexidade de várias camadas da experiência humana. O narrador é um elemento que procura traduzir a vivência de uma pessoa diretamente para a vivência da outra através da narração, um processo intrincado que se realiza em vários níveis. O narrador não usa a linguagem senão como um instrumento. Ele a emprega para arrumar a imaginação intuitiva, atemporal e não espacial, formando no tempo e no espaço uma ordem narrativa linear, rítmica e concreta.

Narrador dissociativo e narrador panóptico

Gostaria de partilhar aqui com vocês meu fascínio pelo narrador panóptico. É dessa forma que designo um tipo de narrador em terceira pessoa e pessoal que, embora às vezes esteja enraizado no texto, torna-se uma instância narrativa impessoal com perspectiva e conhecimento praticamente ilimitados.

É uma figura ficcional que percebemos a partir da leitura de todo o texto. Uma presença vaga que apreendemos só como uma voz e um ponto de vista. Suas características são insignificantes. É um elo entre o autor e o universo da narrativa, como um radar ou um enorme telescópio, ou outro aparelho para ver. Ele tem acesso direto ao conhecimento, servindo-se de intuição, de uma capacidade de ver tudo de modo simultâneo e imediato, conciliando espontaneamente muitos dados e captando toda sua essência complexa em um lampejo mental.

O narrador é também um tradutor. Ele olha para o mundo de mistérios, imagens, miragens ondulantes e elusivas, enfrentando sua infinita riqueza. De vez em quando se vira e procura contar o que vê. Ele mesmo não tem forma nem identidade, mas pode assumir qualquer forma e qualquer figura — naquele instante seus sentidos se apuram e emerge um rosto, às vezes até um nome e sobrenome. Escrevo "ele", mas é óbvio que o narrador não tem gênero.

Seus sentidos enxergam as riquezas do vasto sésamo de modo seletivo, sendo tão especializados como os sentidos de um inseto: dentre milhões de estímulos pescam só alguns.

Para encontrar um exemplo que ilustre este peculiar ponto de narração, basta esticar o braço, tirar da estante sob a escrivaninha o romance *Boneca*, de Bolesław Prus, e, como sempre, ler o início da narrativa, porque é nos primeiros parágrafos que os narradores sempre nos cumprimentam e revelam, por um instante que seja, sua identidade:

> Em inícios do ano 1878, quando o mundo político se ocupava do tratado de Santo Estêvão, da escolha do novo papa ou da probabilidade de uma guerra europeia, os comerciantes e a intelligentsia da rua Krakowskie Przedmieście, em Varsóvia, se interessavam com uma atenção nada menor pelo futuro de um armarinho da empresa J. Mincel e S. Wokulski.
>
> Em um restaurante renomado, onde donos de lojas de tecidos e lojas de vinhos, fabricantes de coches e chapéus, pais de família sérios, pessoas que se sustentavam por meio de fundos próprios e senhorios desocupados de prédios se reuniam para uma pequena refeição no final da tarde, falava-se em igual medida do armamento da Inglaterra e da empresa J. Mincel e S. Wokulski. Imersos em nuvens de fumaça de charutos, debruçados sobre garrafas de vidro escuro, os moradores desse bairro apostavam ora na vitória ou derrota da Inglaterra, ora na falência de Wokulski; uns consideravam que Bismarck era um gênio, outros que Wokulski era um aventureiro; uns criticavam os procedimentos do presidente MacMahon, outros defendiam que Wokulski era um louco completo, a não ser que algo pior ainda...

O sr. Deklewski, fabricante de coches que devia sua fortuna e posição ao trabalho persistente na mesma profissão, bem como o dr. Węgrowicz, que havia doze anos era membro-patrono de uma e a mesma Sociedade de Beneficência, conheciam o S. Wokulski havia mais tempo e previam em vozes mais altas sua ruína. — É em ruína e insolvência — dizia o sr. Deklewski — que deve acabar um homem que não mantém a mesma ocupação nem sabe respeitar as dádivas da bondosa fortuna. — O dr. Węgrowicz, por sua vez, acrescentava depois de cada frase tão profunda de seu amigo:
— Um louco! Um louco... Aventureiro... Ó Zé, traz cá mais cerveja. Quantas garrafas serão?
— Será a sexta, doutor. Já vem! — respondia Zé.
— Sexta, já? O tempo voa... Um louco! Um louco! — murmurava o dr. Węgrowicz.

Vemos aqui a justaposição, feita com algumas frases jeitosas, do "mundo político" e de um certo Wokulski que preocupa os comerciantes de Varsóvia entre uma cerveja e outra. O "mundo político" parece ser visto de cima, de uma perspectiva superior que abrange um mapa em que se situam acontecimentos importantes para o mundo inteiro. (A sua importância, aliás, podemos verificar hoje: quem de vocês sabe o que foi o tratado de Santo Estêvão e qual papa ocupava os pensamentos dos apreciadores de cerveja da rua Krakowskie Przedmieście?) O olhar do narrador desce do mapa sucintamente esboçado dos eventos políticos e fica dentro de um "restaurante renomado" onde Wokulski é objeto de fofocas de "donos de lojas de tecidos e lojas de vinho, fabricantes de coches" e pessoas afins, bem como "senhorios desocupados de prédios". A visão do narrador distingue cada vez mais detalhes, os frequentadores do restaurante se individualizam, tornando-se o sr. Deklewski e o dr. Węgrowicz, e afinal, em vez de grandes generalidades, surge entre eles um diálogo comum e humano, bem como a sexta garrafa de cerveja.

A partir desse momento, o narrador de *Boneca* já é um olho — ou será melhor usar uma palavra mais moderna: uma filmadora —, e sua condição se assemelha à de um narrador onisciente, oculto, que conhecemos bem do romance clássico.

Como leitora compulsiva, posso apenas afirmar que adoro esse tipo de narrador que vê tudo sem ser visto. Às vezes ele finge ser um dos personagens da história que conta, só para abandoná-lo subitamente logo em seguida, escapar para cima, desenhar mapas, prever eventos longínquos ou espiar um futuro remoto. Eu gosto também quando ele vasculha esconderijos e gavetas e adentra corpos. Para o autor ou a autora que o alimentam, porém, ver e saber tudo é cansativo porque demanda uma atenção muito concentrada e prolongada. É uma ioga mental extremamente exigente: vendo tudo através de uma objetiva de ângulo aberto, manter ligação com a história narrada. Paradoxalmente, a perspectiva panóptica não facilita o envolvimento. O oposto do narrador panóptico, um meio que restitui equilíbrio e procura manter simetria, é o narrador em primeira pessoa, envolvido emocionalmente, cheio de idiossincrasias, afetos e subjetivismo. É por isso que muitas vezes um autor que busca simetria e equilíbrio sente-se forçado a trazer à vida, de forma consciente ou não, alguém como Rzecki.* E com certeza o recebe com alívio. Assim eu entendo o gesto desesperado, a meu ver, de Prus quando ele resolve introduzir em certo momento mais um narrador, dessa vez em primeira pessoa, envolvido, sentimental e afetivo, que não apenas nos aproxima dos personagens, mas também nos insinua uma avaliação deles, não escondendo sua própria atitude.

---

* Ignacy Rzecki, personagem fictício de *Boneca* que, através de seu *Diário de um velho balconista*, se torna narrador secundário do romance. [N.T.]

O mesmo aconteceu comigo em *Os livros de Jacob*, quando decidi que já não se podia continuar a narrativa de modo tão simples, do ponto de vista de um narrador em terceira pessoa. Embora esta perspectiva me permitisse contar "tudo", algumas coisas pequenas, mas de extrema importância escapuliam estranhamente do seu abraço. O mundo é formado por relações entre sujeitos: são eles que lhe dão sentido, questionando ao mesmo tempo sua simplicidade suspeita. O narrador em primeira pessoa introduz uma perspectiva completamente diferente — cheia de emoções, muitas vezes ambivalentes — e acrescenta à história uma dose muito necessária e frutífera de irracionalidade. Amamos e ao mesmo tempo odiamos. Sentimo-nos atraídos e repelidos ao mesmo tempo. Interpretamos acontecimentos erradamente. É a subjetividade que faz com que a textura do mundo ficcional fique mais complexa e ele mesmo seja mais multidimensional. Por isso, em *Os livros de Jacob*, teve de aparecer uma voz nítida de Nachman de Busk, que observa os acontecimentos de perto e marca a narrativa com sua individualidade. É graças a ele que começamos a acreditar na história.

Um narrador como Nachman de Busk — um companheiro próximo do protagonista do romance, Jacob Frank, seu amigo, talvez até seu amante, que marca os eventos com sua sensibilidade — é chamado por mim de *narrador dissociativo*. Ele se separa do autor ou da autora e ao mesmo tempo se distancia do narrador principal, em terceira pessoa, introduzindo suas próprias regras do jogo. É um narrador autônomo. Quando toma a palavra, o autor tem que se submeter à sua visão do mundo e levar a sério suas idiossincrasias e sua linguagem. Às vezes, esse narrador comete até uma espécie de invasão. É um caso que será abordado com mais atenção na terceira palestra, quando eu falar sobre personagens literários.

Descobri, porém, que o peso de *Os livros de Jacob* era grande demais para que um narrador clássico em terceira pessoa e um pobre Nachman de Busk pudessem arcar com ele. Havia ainda esferas por contar, domínios que a visão e a atenção deles não podiam alcançar: o tempo histórico, acontecimentos complexos que ocorrem sobre as cabeças dos personagens, que os veem sempre apenas em detalhes e reflexos, mas sobretudo o tempo, a ordem cósmica inteira de todas as sincronicidades, relações, influências mútuas, referências, associações, processos históricos e biológicos. Em determinado momento da escrita eu me senti completamente impotente e fiquei com a impressão de já ter usado todas as possibilidades narrativas. A ação do romance se desenvolve ao longo de cinquenta anos em uma parte considerável do território da Europa. Os personagens envelhecem, mudam nomes, posições sociais e línguas, continuando sempre em movimento. Em torno deles rodopia uma realidade complexa em que as ideias do iluminismo entram em choque com os restos do barroco, travam-se guerras, formam-se confederações, enquanto no céu se podem admirar fenômenos naturais espetaculares. Pessoas morrem e nascem. Como contar tudo isso? Como criar, a partir disso, uma totalidade comunicativa?

Enquanto eu estava mergulhando em um verdadeiro desespero, debruçada sobre um texto ainda disperso, zás, como um gênio da lâmpada de Aladim surgiu Jenta — personagem cujos limites físicos e psíquicos transcendem medidas humanas. Com efeito, Jenta vê através do tempo e observa tudo de cima:

> Jenta vê o sobosque, pequenas bolinhas de mirtilos, folhas claras de carvalhos jovens à entrada da caverna, e depois a montanha toda e a aldeia, e estradas pelas quais se apressam veículos. Vê o brilho do Dniester como brilho de uma faca e outros rios que levam águas até mares, e mares carregados de navios enormes que transportam mercadorias. E vê faróis que se comunicam com partículas de luz.

Esta perspectiva de drone tem um grande poder e de alguma forma se refere à revolução de que todos estamos participando, agora, nos tempos em que é possível enxergar lugares conhecidos dos pontos de vista mais inesperados e panópticos com um clique. Vivemos já em um mundo do panóptico e o narrador panóptico é criação dos nossos tempos.

Quando surgiu Jenta, os trabalhos arrancaram imediatamente. Tendo consciência das balizas narrativas mais amplas introduzidas por ela, podendo me movimentar no tempo e construir imagens panópticas, ao mesmo tempo detalhadas e gerais, e desistindo de avaliações precipitadas e envolvimentos emocionais, eu podia rever as histórias de meus personagens, enxergar seu futuro e os encontrar no passado. Jenta estava a meu lado, disposta a ajudar onde os dois outros narradores — o clássico, em terceira pessoa, e Nachman — não dessem conta do recado. Ela era capaz de condensar eventos sem omitir pormenores importantes. Sabia esboçar mapas, permitindo que o leitor imaginasse todo o palco de acontecimentos. Nunca esquecerei a gratidão que senti para com esta personagem, Jenta, nem meu apego a ela. Eu a chamei de narradora em quarta pessoa, total, e quando eu mesma me encontrei no campo de sua visão, fiquei arrepiada:

> Ela interrompe por um instante sua subida porque tem a sensação de que alguém a chama. Quem ainda saberia seu nome? E ela enxerga ali, embaixo, uma figura sentada, com o rosto iluminado por um brilho tênue, vê seu penteado peculiar, sua roupa esquisita — mas Jenta deixou de se surpreender, perdeu esta capacidade já há muito tempo. Apenas observa como, graças aos movimentos dos dedos dessa figura, na mancha clara e plana da luz surgem do nada letras que se organizam docilmente em filas. Para Jenta, isso lembra apenas pegadas na neve porque, ao que parece, os

mortos perdem o dom da leitura; é uma das consequências mais dolorosas da morte... Então a pobre Jenta não é capaz de reconhecer seu próprio nome naquele JENTA JENTA JENTA que está agora na tela. Portanto, ela logo perde o interesse e desaparece em algum ponto acima.

De onde veio Jenta? Quem são os narradores?

É um assunto sério. Alguma vez já pensaram quem é aquele maravilhoso contador de histórias que na Bíblia diz em voz alta: "No início Deus criou o céu e a terra"? Aquele que conhece os pensamentos de Deus?

Para responder a essas questões, teríamos que abandonar nosso método psicológico e mudar o título do presente texto. Ele devia se chamar "A metafísica do narrador".

Talvez em um mundo polifônico e fragmentado, onde diversos narradores em primeira pessoa gritam todos ao mesmo tempo em tuítes, blogues e mídias, precisamos de narradores totalitários, totais, em quarta pessoa, em várias pessoas, além de pessoa. Narradores com terceiro olho, sexto sentido, panópticos e capazes de serem novos passageiros de Nostromo.

O narrador é o espírito da narrativa, é uma voz que fala, é uma condição tácita e natural da narrativa, sua quintessência, elemento adicional que ordena todos os outros.

Afinal, é preciso admitir sinceramente:

Caras senhoras e caros senhores, o ser humano tem alma, corpo e narrador.

A psicologia da criação literária do mundo: A gênese de *Os livros de Jacob*

Inspirações. Quadro

Esta palestra será muito pessoal. Vou começar com um quadro de Małgorzata Laszczak que estava pendurado por muito tempo na grande cozinha de minha casa, diante do lugar onde eu gostava de me sentar.

Nas figuras opalescentes e avermelhadas, que pareciam empurradas para os limites da imagem, eu vi prisioneiros de um espaço impossível em que foram colocados à força e onde teriam que permanecer até que alguém os liberasse. Era um país expiatório da inarrabilidade onde acabam histórias esquecidas, recalcadas, omitidas, que apesar disso não nos deixam em paz e demandam voz. O quadro vermelho pendurado na minha cozinha sempre me lembrava daquele purgatório e os personagens pareciam me cutucar, dar sinais, dizer alguma coisa, embora eu não conseguisse ler nenhuma palavra dos seus lábios. Percebi que nossa realidade é cheia desse tipo de lacunas habitadas por personagens cujas vidas continuamos desconhecendo porque por várias razões as esquecemos ou até reprimimos da memória coletiva.

A história dos adeptos de Jacob Frank foi uma dessas histórias que precisam ser narradas e só aguardam o tempo e o lugar próprios, e um cavaleiro que quebre sua prisão de vidro.

Inspirações. Sensação de alheamento

Na segunda metade dos anos 1990, deve ter sido em 1997 ou 1998, me encontrei em Toruń ou Bydgoszcz. Fazia frio e chovia, então, como sempre, busquei refúgio em um sebo…
    Antes de relatar o que se passou depois, preciso contar a história de uma falta. Pertenço, de fato, a uma tribo de pessoas que acham ter nascido tarde, logo como epígonos, sobre os escombros de uma civilização perdida. Nasci em 1962 na região fronteiriça no oeste da Polônia, historicamente em Brandemburgo oriental, ou melhor, na terra de Lubusz. Na aldeia onde meus pais trabalhavam como professores ainda moravam muitos autóctones — era assim que chamávamos aqueles que eram seus habitantes anteriores. Eles falavam alemão e se consideravam alemães. O seu encontro com a população imigrante de língua polonesa, sobretudo da região fronteiriça, foi bastante turbulento — mas essa já é outra história. Dezessete anos de guerra: as pessoas ainda guardavam na memória o que havia acontecido. Eu cresci escutando relatos de luta. Aqui, à beira do Óder, a Polônia de que os idosos se lembravam, uma "Polônia polonesa", como eu digo, uma Polônia pré-guerra nunca existiu.
    A percepção de que um mundo morreu devido à Segunda Guerra foi para mim uma experiência aguda. Eu pensei muito nisso: quantas pessoas faltavam ao nosso redor, quantos livros nas prateleiras da minha biblioteca, quantos personagens literários, quantos filmes nunca gravados, quantas concepções, invenções e modas novas, quantas palavras na língua, quantas casas, quanto burburinho multilíngue se perdeu em algum lugar no abismo do tempo… Tudo isso trouxe uma das emoções que vieram formando minha personalidade.
    Naquele tempo ocorreu meu encontro com o legado judaico: primeiro nas histórias contadas por minha avó, depois

através de minhas leituras e encantamentos literários com Schulz e Singer.

A descoberta da base judaica do meu próprio mundo, o momento de levantar um pouco o canto do tapete para perceber que embaixo existem tramas gêmeas, mas um pouco diferentes, um tanto alteradas, às vezes ilegíveis ou, pelo contrário, capazes de tornar o padrão na superfície mais nítido — isso foi para mim uma grande vivência formadora. Para muitos, a presença dos judeus se reduzia à tragédia do Holocausto, os judeus eram associados com a *Shoá*, e a consciência do que acontecera durante a Guerra Mundial afastava outra questão: a história multissecular das duas culturas e duas etnias.

Eu tinha seis anos quando meus pais me levaram para visitar Auschwitz. Não sei se foi uma decisão boa ou má da parte deles. Quando eu entendi com minha mente infantil o que se passara ali, basicamente nunca mais deixei de pensar nisso. É um dos resíduos sombrios de todo o meu conhecimento sobre o mundo.

Através da percepção de que o mundo judaico havia existido no mesmo espaço, à beira dos mesmos rios e nas ruas das mesmas localidades, eu descobri que o passado, embora tivesse deixado de existir, podia continuar a ser real e exercer influência.

Não foi, no entanto, um mero encontro com o passado que tenha inspirado nostalgia. A nostalgia tem uma índole suave e úmida, ela sacia, como um molho aromático que dá mais sabor à comida e pode transformar simples batatas em um prato requintado. Não, à minha frente estava um prato vazio.

Foi um mundo de falta, de uma lacuna que destruía o total, impossibilitava a leitura da mensagem do passado e nos tornava para sempre desinformados e, de certa forma, deficientes.

Quando fui para Varsóvia a fim de estudar na universidade, a sensação da falta passou a ser ainda mais aguda. Eu morava em uma residência universitária na rua Zamenhofa, no território do antigo gueto. Eu vivia, portanto, em uma cratera de bomba, nas ruínas de um mundo inexistente, em uma casa da qual sobrara apenas o desenho das paredes no chão. Foi uma experiência inquietante: às vezes o meu mundo (greves, manifestações dispersadas com jatos de água, constantes trevas do período da lei marcial, lojas vazias) me parecia menos real do que aquele que desaparecera para sempre. Eu não devia ser a única pessoa que sentia aquela estranha dissociação. Isso podia estar relacionado com a minha biografia, com o fato de eu ter nascido na Baixa Silésia e, como muita gente dali, eu vivenciava a história de um jeito diferente da população da "Polônia polonesa".

Eu trato aquela experiência como existencial, ou até metafísica, e procuro dissecá-la em tudo o que escrevo, como um dos personagens de *Correntes*, Verheyen, que seccionava sua perna amputada até chegar aos mínimos tendões.

Essa sensação de alheamento é bastante íntima para mim. Ela sempre me constituiu e foi com base nela que — feliz ou infelizmente — construí minha identidade.

Todos que gostam de procurar ordens autobiográficas na experiência de uma pessoa insistiriam que seria herança do grande desterro vivido historicamente por uma parte da população da região fronteiriça que fora forçada por tratados políticos a abandonar suas casas e, passado algum tempo, de modo inconsciente, mitificara o exílio em narrativas familiares.

Mas o motivo da sensação de alheamento talvez seja o fato de que, na minha pequena família, nós nunca fomos "daqui". As mudanças continuaram nos impelindo a aderir a um status quo e por isso, no fundo, sempre permanecemos estranhos.

É fácil chamar tudo isso de desenraizamento, mas eu mesma também estudei, para uso pessoal, essa sensação de desconforto, e fiquei pensando que ela possuía um caráter fundamental, indo muito além da biografia individual e dos tempos inquietos, sendo existencial e humana. Hoje, eu enxergo a sensação de falta como uma categoria existencial fundamental que designa a condição do ser humano, sua experiência do tempo e sua capacidade de contato com o passado, constituindo um alicerce da formação da cultura.

É provável que isso tenha uma profunda dimensão psicológica, porque tendo deixado o abrigo seguro no corpo da mãe quando nascemos, sempre trataremos o nascimento como um desterro. É algo referido pelos mitos mais antigos, dos quais lembramos vagamente um paraíso, um equilíbrio puro, um lugar ideal onde somos ainda indistintos e, com efeito, inocentes. É um estado anterior à descoberta das nossas qualidades, dos limites dolorosos do nosso "eu", que a partir de então nos fazem perceber em cada momento que não pertencemos plenamente ao mundo. Por sua vez, todos os conceitos de tradição e memória coletiva, e por isso também a dor de desenraizamento, são, na essência, uma espécie de mecanismo de defesa concentrado e secundário contra a experiência de alheamento.

Os livros de Jacob é um romance dedicado integralmente a essa sensação fundamental e metafísica.

Inspirações. Judeus

Quando no inverno de 1997 ou 1998 entrei em um sebo em Bydgoszcz ou Toruń e peguei dois cadernos de capa azul intitulados *O livro das palavras do Senhor*, reconheci neles...

Falarei disso em breve. Voltemos ainda um instante aos tempos precedentes.

Não procuro entender quais motivos políticos e culturais fizeram com que no início dos anos 1980 — precisamente no momento em que comecei os estudos em Varsóvia — surgisse um enorme interesse pelo legado dos judeus poloneses. Janelas, cerradas até então, começaram a se entreabrir, reeditou-se Singer (depois do Nobel em 1978), publicaram-se Buber e Scholem, de modo que a história dos nossos vizinhos mais próximos regressava com uma força que correspondia ao grau da sua anterior repressão e silenciamento. Foi lançado, naquele tempo, um número duplo da revista *Signo** dedicado à cultura judaica, depois saiu uma edição inteira de *Literatura no Mundo*** sobre o mesmo assunto.

Muitas pessoas da minha geração ficaram fascinadas, entrando em uma corrente de recordação do legado dos judeus poloneses e alimentando a continuidade. Por fim, o conceito daquilo que é judaico começou a se livrar da mera relação fatalista com o Holocausto.

Hoje, acho que aquele fascínio pelo legado judaico vinha da sensação de falta e a consequente impressão de desconforto e nostalgia de um continuum que nós reivindicávamos de uma realidade rasgada, incompleta, fragmentada.

Portanto, quando mais tarde, em um dia chuvoso de 1997 ou 1998, cheguei àquele sebo em Bydgoszcz ou Toruń e peguei *O livro das palavras do Senhor*, eu tive a impressão de encontrar um dos segmentos perdidos de uma ponte que nos comunica com o passado.

Inspirações. A teologia dos frankistas

Enquanto me embrenhava no texto fundador de *O livro das palavras do Senhor*, fiquei absorvida por dois níveis entrelaçados de narração. O primeiro envolvia uma história incrivelmente

---

* *Znak* [Signo], revista mensal, editada na Polônia desde 1946, dedicada a questões sociais, culturais, religiosas e filosóficas. [N.T.] ** *Literatura na Świecie*, revista mensal editada na Polônia desde 1971, voltada à literatura estrangeira traduzida (sobretudo narrativas breves e poemas), bem como críticas e ensaios. Cada número é dedicado a determinado autor, tópico, língua, região etc. [N.T.]

colorida, quase picaresca, de pessoas designadas mais tarde frankistas (elas chamavam a si mesmas de ortodoxas, como costumam fazer várias seitas), suas peripécias, transformações camaleônicas, pequenas e grandes aspirações, revoluções (inclusive morais, que chocaram tanto seus contemporâneos), ricas biografias e pobres existências — toda a matéria humana da vida. Do outro lado, da minha leitura emergia sua mundividência extraordinária, com quadros espirituais que muito transcendiam aquilo que eu conhecia e podia pressupor naquela etapa. O sistema de suas crenças — vago, incompleto e ocultado com diligência sob palavras que soavam familiares ("ato alheio", por exemplo) — me surpreendia cada vez mais. Eu reconhecia nele algo mais do que uma religiosidade de comerciantes judeus de Podólia.

A teologia dos frankistas, ainda pouco estudada (quem tiver interesse pode recorrer aos trabalhos de Paweł Maciejka), foi uma teologia de alteridade e acho que, como no caso do sabataísmo,* que a havia antecedido ou até inspirado, fazia referência ao gnosticismo.

Deus é remoto e inescrutável. O ser humano procura meios para se comunicar com ele, alguns dos quais podem ser bastante esquisitos. É bom porque Deus se revela alguém/algo tão diverso de nós mesmos que os conceitos humanos comuns são incompreensíveis para ele. A língua que falamos é diferente da língua de Deus. É muito provável que Deus também não nos veja — de qualquer modo, ele nos enxerga de modo diferente daquele que nos vem à cabeça. Temos que realizar uma transgressão fundamental para que ele repare em nós. Não podemos dizer muito sobre ele: é um Deus — repitamos — inescrutável, fora de nossas categorias. Falar que é bom ou mau é

---

* Referência a Sabatai Tzvi (1626-76), controverso místico judaico que fundou uma seita messiânica. [N. E.]

balbuciar sem nexo. É estranho e curioso para nós, contemporâneos, que os frankistas o chamassem Grande Irmão. Nós temos associações negativas a respeito disso, mas para eles essa formulação podia exprimir sua intenção mais ardente: ainda que Deus seja remoto e incompreensível, sentimos uma ligação com ele e percebemos que ele é tudo o que está mais próximo. Apesar da separação metafísica, somos parentes. Irmãos. Não existe aqui aquela hierarquia patriarcal que cabe nas designações "pai" e "filhos". Chamamos por ele do nosso Abismo, dizemos: "Deus inescrutável e remoto", mas não esperamos que nos enxergue, que olhe para nós.

Podemos também ver isso de outra forma: ao verdadeiro Deus o mundo é estranho, talvez ele seja inclusive um detrito da enorme obra da criação, como é sugerido em um dos textos sagrados em que o mundo é referido de jeito blasfemo como excremento divino.

As regras deste mundo foram impostas, porém, por alguém diferente: Deus Criador (demiurgo gnóstico), Deus mundial, invejoso, pessoal, vingativo e desconfiado. Foi ele quem formatou nossa moralidade e empregou todo aquele estratagema com jogos de subalternidade com os primeiros pais no paraíso. É Deus de coisas pequenas que ao mesmo tempo sonha com grandeza. Foi ele quem nos encerrou na armadilha do mundo da qual procuramos sair.

O Messias que há de aparecer e nos libertar vem de fora do mundo, ainda que assuma uma forma corporal. Ele é uma tentativa de negociação entre as duas divindades. O Messias será puro e imaculado, mas, para se adaptar ao mundo da queda, terá que se esfregar nos excrementos mundanos, como um cachorro que rola em fezes para misturar e perder seu próprio cheiro.

O ensinamento do Messias questionará todas as regras que ordenam o mundo, constituindo uma Enorme Transgressão e uma Enorme Subversão. Tudo o que consideramos óbvio será invertido. O bom poderá se revelar ruim. O que consideramos ruim será capaz de se defender e desvendar outro sentido mais profundo. O mundo é muito mais complicado do que pensamos e avaliamos recorrendo aos nossos rudes sentidos. Desaparecerão simples divisões entre mulher e homem, dia e noite, isto e aquilo. O mundo salvo será um mundo do que está no meio.

Nesse sistema, as tarefas do ser humano são revolta e desacordo com o mundo que lhe é dado. É totalmente diferente do que acontece, por exemplo, entre católicos e ortodoxos. Aguardando a chegada do Messias, o ser humano já precisa objetar às ordens do mundo, vendo-o como um sistema criado pelo demiurgo para nos escravizar. É uma obrigação do crente questionar as coisas, por mais óbvias que sejam, ainda que isso lhe provoque revolta interna ou repugnância. A fé é uma grande tarefa de fazer frente ao mundo.

Do ponto de vista epistemológico, vemos o mundo em fragmentos que não sabemos juntar, como em uma parábola em que vários estudiosos examinavam um elefante e cada um, conhecendo só uma parte do animal, insistia que aquilo que via era o animal inteiro.

Mas a gnose é também uma crença em que o potencial do conhecimento e da mente humanos tem chance de penetrar os véus da ignorância e alcançar o conhecimento final.

Minha aventura com o gnosticismo começou há muito tempo, ainda no tempo da universidade. Eu queria estudar ciências da religião (mais tarde até teologia). Estava fascinada com a riqueza das ideias humanas para o pouco nomeável, intuitivo, metafísico. Por fim, acabei estudando psicologia, o que não foi uma solução totalmente ruim: é um enorme domínio de contexto, interpretação e sensibilidade a sentidos. A minha biblioteca pessoal, bastante extensa, começou com Hans Jonas, cujos livros li tantas vezes que praticamente destruí um dos exemplares.

A intuição me dizia que a gnose era uma corrente intelectual alternativa que fluía sob a superfície das religiões oficiais, claras e otimistas, tanto as anteriores, pagãs, quanto o cristianismo cheio de confiança infantil. Ademais, eu desconfiava que as duas correntes — a clara e a sombria, a que aceita e a contestadora — estivessem em diálogo, como Naphta e Settembrini em *A montanha mágica*, e que esse diálogo pudesse ser elaborado em um texto de muitas páginas que abarcasse a narrativa da história da humanidade.

O gnosticismo nunca passou, continua presente e, graças à sua capacidade de camuflagem, constitui um fundamento de várias correntes. É possível reconhecê-lo através de um exame minucioso e atento da história de movimentos filosóficos e crenças religiosas.

De vez em quando, a atitude gnóstica em relação ao mundo vem à tona. Nesses momentos, ela costuma ser um elemento estimulador que leva à reflexão, à mudança do paradigma, à revolução ou reviravolta. As suas forças — sob e acima da superfície — de certa forma se complementam. O fato de que foi uma religião afirmativa que ganhou força no mundo ocidental talvez se deva apenas a uma disposição psíquica universal que os psicanalistas chamam justamente mecanismos de defesa.

(Não é uma teoria da conspiração, mas de novo uma tentativa de ver o outro lado da moeda, o lado de baixo do tapete — a metáfora começa a se repetir — que permite entender o padrão que fica em cima.)

Inspirações. Continuação

Portanto, no outono de 1997 ou 1998 pesquei no sebo em Toruń ou Bydgoszcz um livro estranho, ou melhor, dois cadernos em formato grande e incômodo, com capa azul envernizada. Lembro que era *O livro das palavras do Senhor* — palestras (ele preferia usar a palavra "conversas") de Jacob Frank organizadas por Jan Doktór.

Fui lendo o volume devagar, parágrafo por parágrafo, durante todo o inverno, com um espanto cada vez maior. Quando chegou o Natal, eu já havia reunido uma pilha de livros sobre o mesmo assunto. Na primavera, surgiu uma prateleira à parte que foi crescendo e brotando ao longo dos anos seguintes. Eu não tinha intenção de escrever um livro sobre isso — foi antes uma fração dos meus estudos particulares, de um fascínio longo e permanente com todo tipo de heterodoxia, tudo o que não cabia no cânone, ultrapassava limites gerais, revoltava-se contra uma norma considerada óbvia.

Escrevi um pequeno ensaio sobre o assunto e já naquele tempo fiquei com a ideia de que toda a riqueza daquela história não podia ser contada de outra forma senão em um romance com múltiplas tramas. Que só uma forma que fosse capaz de abarcar verdade histórica e ficção, permitisse que os personagens surgissem com seus diversos pontos de vista, construísse o palco do mundo ficcional, poderia carregar o peso gigantesco daquela história.

Antes, porém, houve *Nova Atenas*, do padre Benedykt Chmielowski,* na belíssima edição de Maria Lipska e Jan Józef Lipski que fui lendo a intervalos ao longo de toda a infância e adolescência. Por que amei tanto *Nova Atenas*? Não sei. Eu sempre carregava o volume comigo, lendo trechos ao acaso. Ele me divertia e comovia — foi precisamente essa mistura de emoções que me preenchia quando criei a trama do padre Chmielowski. Uma província polonesa, barroco tardio, pequenas janelas da casa paroquial, uma batina de tecido tosco… Minha imaginação

---

* Benedykt Chmielowski (1700-63), padre católico polonês, autor da obra *Nowe Ateny* [Nova Atenas], uma das primeiras enciclopédias universais polonesas. É um dos personagens de *Os livros de Jacob*, o pároco de Firlejów. [N.T.]

gostou muito do reverendo padre Benedykt. De uma forma surpreendente, eu me sentia semelhante a ele, procurando sempre regras vagas, sentindo saudade da ordem eterna, sendo confiante, ingênua e não muito instruída. Quando descobri que Benedykt Chmielowski e seu Firlejów cabiam na órbita topográfica dos acontecimentos relacionados com os frankistas, decidi que esse personagem tinha que aparecer no meu livro. Isso concernia a uma das regras mais importantes da criação de um mundo ficcional: se algo pode ser entrelaçado, deve ser entrelaçado. Com toda a probabilidade, o padre e meus personagens, vivendo no mesmo tempo e lugar, teriam que se encontrar mais cedo ou mais tarde. A mesma regra dizia respeito à poeta barroca Elżbieta Drużbacka. Em primeiro lugar, o padre e a poeta tinham o mesmo editor; em segundo, Drużbacka viajou muito e era amiga de Katarzyna Kossakowska, protetora dos frankistas. Os supostos contatos entre os personagens abriam novas possibilidades de relação, exigindo construção de cenas e elaboração de perfis psicológicos.

Técnicas

Mario Vargas Llosa escreveu uma vez que "a inspiração não existia. Era algo que, talvez, guiava as mãos de escultores e pintores e ditava imagens e notas aos ouvidos dos poetas e músicos, mas ao romancista não visitava jamais. Ele era o desprezado das musas e estava condenado a substituir essa negada colaboração com teimosia, trabalho e paciência". E acrescentou: "Sobre mim jamais caía essa força divina: cada sílaba escrita custava-me um esforço brutal".*

Mario Vargas Llosa tem muita razão.

---

* Mario Vargas Llosa, *História secreta de um romance*. Trad. de José António Messano. Lisboa: Dom Quixote, 2002. [N.T.]

· Eu me preparava para trabalhar no meu assunto com pouco entusiasmo, mas com muita ingenuidade, pressentindo apenas quantos obstáculos teria que enfrentar: minha ignorância, o desconhecimento dos idiomas usados pelos meus personagens (iídiche, hebraico, ladino), o fato de que nunca me interessei propriamente pela história, a magnitude e o caráter transfronteiriço do material.

Como muitas pessoas propensas a obsessões, antes do trabalho faço preparativos muito minuciosos. Para além de um ou dois anos de leituras sobre o assunto, eu me embrenhava no tópico, entrava em um estado muito específico de uma suave obsessão ou até mesmo psicose. É um estado em que o mundo imaginado inteiro começa a caber em uma câmara delimitada na minha psique com acesso instantâneo e sem mediações especiais. A qualquer momento eu podia mudar para este novo cosmos que estava surgindo dentro de mim. Por enquanto, no início, era um espaço vazio — foi assim que eu o imaginei, como um deserto avermelhado com pormenores, objetos ou personagens dispersos aqui e ali. O padre Benedykt estava sentado, sozinho e surreal, com um cachorro no colo, junto a uma pequena mesa cercada de livros, sem absolutamente nada ao seu redor. Os personagens emergiam das trevas devagar, como em uma câmara escura, ganhando cada vez mais detalhes, mas permanecendo ainda desconexos, inacabados.

O início da escrita de *Os livros de Jacob* tem a ver com Haia. Foi ali que, durante uma residência de seis meses, quando foi criado também *Sobre os ossos dos mortos*, consegui duas mesas para trabalhar. Em uma estavam notas para *Sobre os ossos...*, na outra ficavam mapas, desenhos e volumes relacionados com *Os livros de Jacob*. Primeiro, tentei arrumar meu enorme material. Uma vez que minha imaginação é espacial e visual, eu passava noites desenhando mapas e esquemas, árvores genealógicas e itinerários. Anotava nomes em centenas de post-its e procurava recriar ou criar relações e laços entre meus futuros personagens. Tudo isso parecia construção de uma armação em torno do fantasma de algo ainda inexistente, e demorava um tempo desproporcional. Parecia insônia, quando nos reviramos na cama, tentando desesperadamente achar uma única posição que nos permita dormir.

Conjetura, ou erros do olho e erros do ouvido

A emenda conjetural é um conceito no âmbito da crítica textual que significa correção contemporânea de um texto escrito no passado. Diz respeito sobretudo a obras registradas em papiro ou pergaminho que, sendo transcritos manualmente por um copista, foram suscetíveis de gralhas e erros.

A Wikipédia descreve o conceito com mais precisão:

> Uma ajuda no reconhecimento de equívocos é o fato de que eles costumam pertencer a certos grupos de erros típicos que podem ser categorizados adicionalmente como *erros do olho* (que ocorriam quando o copista transcrevia o texto a partir de um exemplar diante de seus olhos) e como *erros do ouvido* (que ocorriam quando o copista anotava um texto ditado por outrem). Mas o primeiro sinal da presença de um erro é geralmente a percepção de uma inconsequência lógica de determinado texto.

Tratei esse conceito de forma mais ampla e meio simbólica. A história que chega até nós do passado costuma ter lacunas. Podemos conhecer apenas alguns detalhes, aqueles que foram considerados importantes por um escritor de outrora. O "desimportante" é muitas vezes condicionado culturalmente: o exemplo mais simples talvez seja o fato conhecido de que os historiadores registravam a contribuição e a participação em acontecimentos com uma frequência muito maior no caso dos homens do que no caso de mulheres, já que os homens se consideravam os únicos e verdadeiros sujeitos da história. Ou ainda: a percepção generalizada da história se fundamenta mais na convicção sobre o desempenho de personalidades proeminentes do que no funcionamento de processos sociais. Cada época possui lentes próprias para ver o mundo.

Eu tratava os relatos baseados em documentos que juntei como incompletos. Não havia nada a respeito da vida cotidiana de pessoas, nem o que comiam ou como se vestiam. Não havia cheiros nem variações meteorológicas (com exceção de descrições de situações extremas).

Eu chamei de método conjetural o processo que visa dar ao universo ficcional certa continuidade, ininterruptibilidade em um mundo marcado dolorosamente pela descoberta de lacunas e fragmentos. Eu enxergava meu trabalho como construção de uma totalidade narrativa em torno de fatos históricos — tratados, por sua vez, com o maior respeito. Onde os fatos eram ininteligíveis ou pouco aceitáveis do ponto de vista psicológico, eu recorria, como última instância, a citações.

Hoje, estou convencida de que o método conjetural constitui uma enorme ajuda na escrita de um romance histórico cujo objetivo é, afinal, dar continuidade à nossa experiência do mundo.

Supremacia do detalhe

Enquanto me preparava para escrever o livro, estudando documentos e relatos, manuais e diários, eu buscava detalhes desesperadamente. Estou convencida de que o mundo é feito de pormenores. Ao mesmo tempo, ele costuma ser descrito através de generalizações, de modo que tenhamos que adivinhar como é construído. Sinto muita falta, em alguns romances, de sabores e cheiros, textura de materiais, móveis, ferramentas, cores e toques. Quero saber o que as pessoas comem (acontece que em páginas de romances volumosos ninguém toma café de manhã, pelo visto todo mundo se alimenta de ar), o que vestem, onde dormem, o que calçam e o que veem da janela. Quero saber se tomam banho à noite, se tomam banho em geral, se pegam filhos no colo e como tratam resfriado. Interesso-me também pela paisagem, vegetação, fauna. Não se pode descrever um mundo sem conhecer a flora local. Não se pode descrever um mundo sem conhecer o tamanho do céu ou a cor da água no rio.

Por isso, desde o início era claro que uma parte do texto de *Os livros de Jacob* seriam viagens, de modo que eu pudesse perceber toda a palpabilidade do mundo que ia reproduzir.

A primeira viagem me levou obviamente à Podólia. Em inícios da primavera de 2009, fui com meu marido para o leste, passando por Lviv. Procurávamos descobrir às apalpadelas os limites do mundo que eu já ia construindo na imaginação. Chegamos até o Zbrutch e o Dniester no sul. No nosso mapa, marcamos algumas dezenas de lugares que apareceram nas fontes. Seguimos ziguezagueando de um para o outro e eu senti uma crescente melancolia, uma sensação cada vez mais aguda de ausência. Não havia nada ali. Nada daquilo que eu esperava. Havia um mundo, talvez até interessante, mas completamente diferente. Estranho. Vimos muitas aldeias e pequenos vilarejos, banhados pelo sol de setembro, empoeirados, meio transparentes. Uma arquitetura pós-soviética, caótica e feia, ruínas de igrejas e sinagogas, parques cobertos de mato e modernos centros comunitários construídos com desleixo, praças revestidas de asfalto com fendas em que crescia grama. Os nomes que eu conhecia de Kraushar,* de *O livro das palavras do Senhor* ou

---

* Aleksander Kraushar (1843-1931), historiador, jornalista e poeta polonês de origem judaica, autor da monografia *Frank i frankiści polscy 1726-1816* [Frank e os frankistas poloneses 1726-1816], publicada em 1895. [N. T.]

das histórias familiares, carregados de tantas imaginações, se revelaram referentes a povoações tristes e vazias, cheias de folha de flandres e plástico.

No início caí em verdadeiro desespero. Não era preciso ter saído de casa: eu podia muito bem ver fotos ou filmes e ler na Wikipédia sobre a fauna e a flora da Podólia. Mas afinal, percebendo que minhas expectativas eram absolutamente infantis, eu passei do desespero para uma espécie de treino de visão. E assim, olhando para o cemitério em Korolivka e a grama que ondulava ao vento, fui percebendo pequenas figuras de crianças brincando, e na estrada esburacada e lamacenta foi surgindo, vacilante como miragem, o esboço de uma carroça. Foi muito impressionante visitar Firlejów, que hoje se chama Lipówka. Para mim, o lugar mais importante era a igreja, porque perto dela devia estar localizada a casa paroquial do padre Chmielowski. Passeando ao redor do templo recém-renovado, mas trancado a sete chaves, tentei, como arqueóloga, adivinhar, a partir da disposição dos prédios arruinados, o lugar exato da casa paroquial e do famoso jardim do padre Benedykt, em que ele teimou em tentar reproduzir maravilhas da arte da jardinagem representadas para ele pelo inigualável palácio dos Dzieduszyccy em Cecołowce. Paramos o carro no meio de uma planície melancólica à beira do Dniester, observando o mesmo caminho pelo qual teriam passado os carros dos "ortodoxos", hereges sabataístas, quando se dirigiam à comuna em Ivanha.

Essa viagem inteira, bem como todas as posteriores, se transformou em uma compilação de conhecimentos intuitivos desse tipo. Em Istambul, visitei um bazar, pequenas tendas em que mal cabia o próprio vendedor, uma riqueza estonteante de cores naturais de especiarias amontoadas em forma de pirâmide, e presumi implicitamente que desde o tempo de Frank pouco devia ter mudado. De propósito, para fins de pesquisa, negociei a compra de um colar de malaquita, o que demorou duas horas. Convidada a entrar em uma loja, fiquei conversando com o dono, tomei alguns copos de chá com ele, discutindo o preço da joia, e imaginei que devia ter sido daquela forma que Jacob Frank vendeu suas mercadorias em Craiova. Em suma, fiz duas grandes viagens à Ucrânia, uma à antiga Valáquia e às "terras turcas", e à Morávia e aos países germânicos, até Offenbach am Main, onde ainda permanece em bom estado o famoso Castelo de Isenburg, antigo centro dos frankistas europeus, onde hoje funciona uma escola de design.

O trabalho sobre pormenores pode ser ilustrado também pela seguinte situação: eu descrevia uma cena em que mulheres se ocupavam de costura. Gostei da ideia de mencionar como a luz das velas refletia nas pontas das agulhas. Mas fiquei desconfiada e consultei livros: naquele tempo e naquele lugar não se usavam agulhas de metal, mas de osso ou madeira. Com pena, tive que desistir do reflexo das chamas nas agulhas.

Método de raspagem e colagem. Conhecimento intuitivo

Lembro mais uma vez o que Mario Vargas Llosa disse sobre a inspiração: ela não existe.

Agora, no entanto, preciso discordar. A inspiração existe, mas é necessário encontrar para ela uma palavra nova, mais moderna.

Eu adoro o termo polonês *wgląd*, ou conhecimento intuitivo, que traduz muitas das minhas decisões narrativas não totalmente racionais, situações incomuns, escolhas excêntricas. O conhecimento intuitivo é uma alteração súbita e inesperada da percepção de alguma coisa que leva a uma compreensão nova, mais profunda e completa. Graças a ele, um problema inicialmente difícil pode se revelar muito fácil. Penso que o conhecimento intuitivo concerne sobretudo à percepção da totalidade em que não há questão do tempo, ou seja, quando o tempo e suas consequências (em função das relações de causa e efeito, implicações, linearidade) são apreendidos como um todo. Em certo sentido, nesse momento decisivo o tempo deixa de existir.

No conhecimento intuitivo, tudo é visto ao mesmo tempo: o começo se une ao fim, criando um círculo fechado, simbolizado pelo Ouroboros, ou seja, o tempo enquanto sequência de momentos não existe mais. O mundo todo, geral e detalhado, é dado de uma só vez. Nabókov o descreve desta forma: "É o muro da prisão do ego subitamente desmoronando com o não ego vindo de fora".*

Por isso, se me perguntarem como eu organizo minha escrita, se eu sei o que vai acontecer, se escrevo desde o início até o fim, e assim por diante, eu respondo que isso não tem nenhuma importância, dado que muitas vezes tenho a impressão de que aquilo que há de ser escrito existe já, no total, antes de mim e a minha tarefa se reduz à descoberta do que foi coberto/encoberto/recoberto. A escrita é, na essência, uma raspagem que descubro com paciência, pedaço por pedaço. Debaixo há um padrão inteiro, uma totalidade que exige ser revelada por completo.

Estou feliz por Nabókov corroborar minha intuição:

> A sequência só ocorre porque as palavras precisam ser escritas uma após a outra em páginas consecutivas, do mesmo modo que a mente do leitor precisa de tempo para percorrer o livro ao menos da primeira vez em que o lê. O tempo e a sequência não podem existir na mente do autor porque nenhum elemento temporal ou espacial presidiu a primeira visão.**

---

* Vladímir Nabókov, "A arte da literatura e o bom senso". In: *Lições de literatura*. Trad. de Jorio Dauster. São Paulo: Fósforo, 2021. [N.T.]   ** Ibid.

É possível trabalhar sobre cada sequência da narrativa, ocupando-se primeiro do início, do fim e do meio, de cenas isoladas. Para isso, preciso apenas da confiança no mundo interior que se manifestou no momento do conhecimento intuitivo. Paradoxalmente, a sequência e a linearidade são necessárias para transmitir a visão a outras pessoas, já que a linguagem é um fenômeno sequencial. As palavras e as frases exigem uma ordem linear, mas a visão não é nem linear nem intermediada de qualquer forma pelo tempo.

Chegou a hora de evocar uma das minhas metáforas preferidas da escrita: a cristalização. É um processo misterioso que ocorre em um líquido saturado de partículas que circulam livremente.

Quando a solução resfria, algumas moléculas se aglomeram, formando núcleos aos quais se juntam outras partículas conforme uma ordem determinada pela sua constituição química. O cristal é uma estrutura muito engenhosa, mas também superorganizada que surge de modo natural e, digamos, sem esforço, em torno do eixo de cristalização. O mesmo acontece no caso de um romance. Quando os pontos iniciais já estiverem estabelecidos e os eixos de cristalização, determinados, cada partícula livre e insubordinada é atraída pela ordem cristalina, de modo que cada imagem, palavra e metáfora tendem à ordem narrativa.

Excentricidade. À procura de pontos de vista incomuns

Existe mais um conceito fundamental que utilizo no meu trabalho: é a excentricidade. Ela deve ser aprendida, porém, de maneira mais ampla do que em situações como o formato de um chapéu ou comportamentos atípicos de senhoras idosas. Trata-se de uma posição peculiar assumida na percepção do mundo: da saída do centro para além de uma experiência da realidade comum, ordenada e aceita por todos. É a busca consciente de uma perspectiva que ainda não seja universal, mas através da sua novidade mostre o que não foi enxergado, o que foi omitido. Quem não for excêntrico o bastante não será bom escritor. A nossa excentricidade interior tem que ser tratada com cuidado e carinho porque só essa tendência centrífuga nos permite ver o que se encontra e acontece além do reconciliado horizonte social. Eu recomendaria até que os futuros e atuais escritores e escritoras praticassem por conta própria um abandono contínuo e controlado do centro — confortável, mas fatal do ponto de vista da criatividade. Nada é tão perigoso para um criador como o mainstream intelectual.

Considero que um exemplo desse tipo de excentricidade é, entre outros, a presença de um elemento extraordinário, metafísico, em romances realistas. O meu exemplo favorito vem de *Boneca*, um romance que instaurou, por sua vez, o padrão do realismo crítico na literatura polonesa. Penso naquele momento incrível em que Gaist mostra a Wokulski metais cada vez mais leves, inclusive um metal cinco vezes mais leve do que a água. Muitas vezes procurei entender para que Prus precisava daquela cena. O que ele queria atingir com ela? Como ela muda nossa percepção do protagonista e qual é sua importância para o romance no total?

Em *Os livros de Jacob*, uma trama parecida, excêntrica, diz respeito à presença de Jenta. É a única personagem extrarracional, suspensa entre o ser e o não ser, que vai se transformando lentamente em um cristal. Ela tem o privilégio extraordinário de sair para além das balizas do concreto romanesco determinadas pela probabilidade apreendida à maneira aristotélica. Esse movimento excêntrico é até mostrado diretamente no texto. Jenta faz com que a história narrada se torne um evento cósmico e universal, deixando de caber na ordem espaçotemporal. Graças a ela, os leitores podem adotar uma perspectiva panóptica específica. Paradoxalmente, isso tudo faz com que o realismo do romance se torne mas fundamentado porque, no sentido mais profundo, a nossa percepção do mundo nunca é apenas realista. Lemos o mundo intuitivamente como cheio de mistérios e com frequência inescrutável. Mesmo quando procuramos descrevê-lo na literatura em escala natural.

A excentricidade desse romance consiste em certos recursos formais, como a numeração das páginas "de trás para a frente", conforme a sequência de leitura de livros hebraicos. Essa alteração da ordem, mesmo que arbitrária, arranca o leitor do seu ninho seguro e o força a esticar a cabeça para além dos seus próprios hábitos para que ele veja ali, fora, um outro cosmos possível cuja existência é tão legítima quanto a do nosso. Ele se transforma em *un missionnaire* da famosa gravura reproduzida na obra de Flammarion.

A inclusão de ilustrações vagamente associadas com o texto no livro desempenha uma função semelhante, remetendo a outros mundos, maiores, que alteram e ampliam o contexto do romance.

Para mim, a excentricidade é, no fundo, a quintessência da atitude criativa. Procuro tratá-la com cuidado e carinho.

Mundus adiumens

Enquanto escrevia *Os livros de Jacob*, tive muitas vezes a sensação de que segurava o fim de um fio e, se o seguisse com confiança, aquilo que estava procurando iria surgir à minha frente, aparecer quando eu dobrasse a esquina. E muitas vezes foi assim.

Não sei se é possível descrever um fenômeno que presenciei várias vezes ao longo do meu percurso como escritora, mas nunca com tanta frequência e intensidade como no caso desse livro. O fenômeno é percebido espontânea e subjetivamente como se certas forças externas e independentes comunicassem sua vontade de participar da história narrada, como se certos poderes se aliassem para ajudar na labuta criativa. Eu sei como isso soa — como se eu estivesse viajando. Mas é verdade.

Porque é verdade que muitas vezes, quando eu estava com um cálice na mão em uma festa na casa de alguém, eu peguei da estante um livro ao acaso e abri em uma página também aleatória, encontrando precisamente algo de que precisava: personagem, acontecimento, informação, associação, referência desconhecida. Muitas vezes também eu encontrei, pura e simplesmente, uma pessoa que contribuiu para a solução de um problema relacionado com o romance que me atormentava. Uma viagem inocente para um lugar a esmo me apontou caminhos que eu ignorava por completo. Nessas situações se costuma primeiro lançar um olhar desconfiado ao redor, mas depois vem à cabeça a ideia esquisita de que por alguma razão *é importante para o mundo que este livro seja escrito*. Eu tenho consciência de que isso parece ridículo, e ainda por cima pode fazer com que tenham uma opinião equivocada a meu respeito. Tanto faz! Enfim, os escritores são artistas e os artistas conquistaram uma margem maior de excentricidade do que, digamos, cientistas — afinal, não ambicionam títulos acadêmicos. No entanto, para conferir mais seriedade ao que estou dizendo, cunhei um suporte em latim: este mundo que ajuda, *mundus adiumens*, é algo que traz a sensação de estar sendo conduzido pela mão e introduz em um estado maravilhoso, parecido com um transe narcótico, uma psicose suave, bastante agradável, mas ao mesmo tempo persistente e dificilmente controlável. Acho que é viciante e, quando se regressa de uma viagem ao romance, é só por um momento que se sente o alívio de tudo ter acabado. Esse estado de mente é um estado abençoado.

O "eu", que em circunstâncias normais é nutrido com carinho, agora se encolhe e, já pequeno, se deixa envolver por conteúdos tumultuosos do consciente e do inconsciente, inundar por um oceano de palavras e imagens — e segue um fio amarrado a uma meta em algum ponto no fundo do labirinto.

Mas não é possível, obviamente, abandonar por completo a si mesmo e seu tempo. Nesse sentido, o romance histórico não existe porque suas raízes são fincadas no presente da pessoa que escreve. A história é uma incessante interpretação *ex post* de eventos reais e imaginados do passado, o que nos permite enxergar nela sentidos que naquele tempo foram invisíveis.

Portanto, quando peguei *O livro das palavras do Senhor* no sebo em Bydgoszcz ou Toruń em 1997 ou 1998, me vi perante uma das aventuras intelectuais mais interessantes e profundas da minha vida. Joguei-me nela meio inadvertidamente, com toda a minha propensão ao fascínio, com ingenuidade e ternura, cuidando apenas que meu bom senso, que por sua vez gosta sempre de se queixar, não estragasse todo o prazer da criação de um mundo que daqui a pouco, um ano, alguns anos, poderei partilhar com outros. Com vocês.

2014

O caso de Duszejko:
Personagens literários

Já é a terceira vez que estou diante de vocês, senhoras e senhores, para partilhar aqui minhas ideias sobre a escrita de romances. Quando aceitei o convite para proferir estas palestras, fiquei feliz por ter um pretexto e um motivo para examinar o processo a que me sujeito há 25 anos e que na verdade não entendo. Procuro, obviamente, adotar uma perspectiva rigorosa, mais ampla e mais sólida que minhas próprias idiossincrasias, recorrendo de vez em quando àquilo que considero mais próximo: a psicologia em geral, e a psicologia profunda em particular.

Começo esta penúltima palestra, em que tentarei dar nome a minhas próprias suposições a respeito da origem dos seres misteriosos que são personagens literários, com uma citação de Vargas Llosa:

> Um punhado de personagens literários marcou minha vida de maneira mais duradoura que boa parte dos seres de carne e osso que conheci. Embora seja verdade que quando personagens de ficção e seres humanos são presente, contato direto, a realidade destes últimos prevalece sobre a daqueles — nada tem tanta vida como o corpo que se pode ver, apalpar —, a diferença desaparece quando ambos voltam a ser passado, recordação, e com vantagem considerável para os primeiros sobre os segundos, cuja deliquescência na memória é irremediável, na medida em que o

personagem literário pode ser ressuscitado indefinidamente, com o mínimo esforço de abrir as páginas do livro e deter-se nas linhas adequadas.*

Para mim, tal personagem foi Janina Duszejko.
Sobre os ossos dos mortos não foi um livro planejado. Pode-se dizer: foi no susto. Mas ao mesmo tempo não posso dizer que ele tenha surgido do nada ou tenha sido pensado às pressas.

É estranho perceber isso agora, mas a primeira coisa nessa ideia toda foi a porfiria — uma doença sanguínea que supostamente explicaria o vampirismo. É uma enfermidade que consiste na perturbação do metabolismo do ferro, que em casos extremos, particularmente agudos, provoca um apetite por sangue. É acompanhado por fotofobia, pele pálida bastante suscetível a queimaduras, ou até por certas alterações neurológicas que provocam alucinações. A ideia para o livro repousou por muito tempo em um arquivo nomeado *porfiria.doc*; de vez em quando eu acrescentava novas concepções, frases, informações.

É meu modo de criar: tenho no meu computador algumas ideias *in statu nascendi* de que me ocupo simultaneamente, deixando que cresçam, inflem. Depois, algum fator, um evento ou experiência inesperados, costuma fazer com que eu comece a prestar maior atenção a alguma delas.

Como segundo elemento do projeto "porfiria", surgiu de repente a figura de uma mulher idosa, avó de duas meninas gêmeas que sofriam dessa doença. As netas iam visitá-la para passar as férias no campo e ali...

Tudo teria lugar em minha casa situada nas montanhas, no meio das paisagens brumosas e melancólicas do vale de Kłodzko, que conheço e adoro. Eu me coloquei na posição daquela avó e

---

* Mario Vargas Llosa, *A orgia perpétua: Flaubert e Madame Bovary*. Trad. de José Rubens Siqueira. Rio de Janeiro: Objetiva, 2015. [N. T.]

devagar, gaguejando, tossindo, fui começando a descobrir sua voz, e depois também seu modo de pensar, sua mentalidade, para afinal adotar inclusive seu modo de ver. O momento da emergência de Duszejko foi imperceptível. Entrei nela, na sua visão, seus olhos se tornaram meus óculos e de repente eu estava olhando para tudo o que eu mesma também via pelos olhos de Janina. A atmosfera, o caráter sombrio do vale e os personagens cada vez mais estranhos que entravam no quadro como invocados por Duszejko... Penso que, se eu tivesse me limitado a essa etapa, teria escrito um romance de terror.

No entanto, quanto mais nítida Janina Duszejko se tornava, mais concreta psicologicamente, mais eu gostava dela e menos eu queria que ela fosse personagem de uma história de terror. Duszejko exigia de mim uma missão a ser cumprida. Seu caráter bem delineado só podia se manifestar em ação.

Inesperadamente regressaram a mim tramas e assuntos de que eu não vinha me ocupando havia muito tempo (como, por exemplo, William Blake). Voltaram também ideias, pequenas observações, hipóteses ousadas e teorias esquisitas. Fui enxergando com alegria que eram cada vez mais numerosas. Janina Duszejko, logo com um nome e sobrenome cuja origem já não consigo lembrar hoje, estava sentada em um espaço vazio, em algum lugar do vale, e aguardava o que estava por vir.

Seria difícil admitir que a fui completando com diversas características que até então carregava em mim mesma, mas que não estava muito disposta a admitir, sobretudo na companhia de pessoas sábias e instruídas. O indizível, como gotas, foi pingando, perfurando a pedra para vir à tona. Antes, nesse processo a própria personagem foi ganhando forma, como se alguém desse um zoom e a imagem que emergia de um quadro geral se tornasse mais nítida, começando de repente a desvendar ínfimos detalhes.

Personificação

Um termo que temos de levar em consideração quando refletimos sobre o processo extraordinário e deslumbrante da criação de personagens literários é a personificação.

Entendo o conceito da personificação, recorrendo a James Hillman, como um fenômeno que consiste em experimentar, imaginar e representar em fala ou em enunciações internas imagens e complexos como presenças psíquicas. A personificação é, portanto, um tipo de atividade psíquica que cria seres humanos ou não humanos à sua seletiva semelhança. É, com efeito, uma variante da projeção.

Se admitirmos como real aquilo que age e muda a realidade a despeito de sua legitimação ontológica, as ficções do autor parecem mais coerentes e convincentes que seu próprio criador. A literatura conhece vários exemplos de personagens pitorescos e longevos trazidos à vida por autores pouco interessantes. Conhecemos muito melhor Stanisław Wokulski do que seu criador, Bolesław Prus. Os escritores morrem e suas existências se desfazem em pó, ao passo que seus personagens continuam vivos e ativos. Tudo isso se baseia em uma ideia fundamental que defende a existência de um "modo de pensar" que pressupõe a possibilidade de colocar um evento interno no exterior, fazendo ao mesmo tempo com que seu conteúdo se torne vivo, ganhe um caráter pessoal. É a personificação.

Na antiga tradição grega, a personificação foi considerada um modo indispensável de entender o mundo. Os gregos e romanos a usavam para conferir poderes psíquicos a conceitos tão abstratos quanto, por exemplo, esperança, justiça, momento oportuno. Daí surgirem, em grande parte, os deuses antigos.

Mas Janina Duszejko está longe de ser deusa.

É velha, descuidada, tem unhas imundas e bagunça no quarto. Não teve êxito na vida, passando a ser solitária e esquisita.

Em busca de um mundo melhor, dedica-se à prática da perseguida e ridicularizada astrologia. Em vez de repetir teorias vigentes que estão na moda, ela conta suas aberrações e excentricidades. É arquiteta aposentada, antigamente construía pontes na Síria, mas hoje ensina inglês em tempo parcial em uma escola primária rural. Mora em uma pequena casa com duas cachorras, cuida das casas de veraneio dos vizinhos. É doente — não se sabe muito bem qual é a sua condição, mas adivinhamos que seja letal. Isso faz com que Duszejko veja o mundo pelo prisma de suas próprias moléstias, às quais confere um significado quase metafísico, representado na escrita por maiúsculas. Ela tem uma linguagem própria que usa para nomear tudo ao seu redor, arrancando o mundo, por um instante, de sua banalidade vigente, socialmente aceita e desejada. Os outros a consideram excêntrica, alguns — louca. Ela é uma *loser* e em torno dela aparecem outros fracassados parecidos com ela, como Esquisito, um velho desajustado que deve sofrer de autismo (chamei-o de testosterona), ou Dísio, um perdedor já no início da corrida para a vida adulta, um jovem perante o qual o mundo se fechou, ou talvez mesmo nunca tenha se aberto. Em vez de ter carreira em uma multinacional ou um escritório, Dísio traduz um poeta pré-romântico e pega trabalhos avulsos. Há também Boas-Novas, jovem vendedora de um brechó, que não tinha dinheiro para continuar a estudar e agora refugia-se na imaginação, lendo romances de terror. O símbolo desse fracasso nada pejorativo é Boros Schneider, entomologista fascinado por partículas tão insignificantes da vida como *Cucujus haematodes*, que apesar do seu grau acadêmico também se revela um outsider. Permanecendo na oposição a um mundo apressado, bacana, focado em si mesmo, ele pode constituir um modelo para aquele tipo de gente.

Não negarei que os personagens literários tão nítidos como Duszejko são, em alguma medida, partes da própria pessoa que escreve que vêm à tona e se encarnam (pelo menos no papel). Eu não os chamaria, porém, de emanações de conteúdos reprimidos porque em grande medida estamos plenamente conscientes deles.

Ademais, em meu entorno próximo havia um protótipo de Janina, muito mais material e concreto, sob a forma da minha vizinha, arquiteta e artista, que tive o privilégio e o prazer de chamar de amiga. Portanto, a ideia de uma mulher solitária, subversiva, ainda que mansa, foi composta de mais de uma trama. Observar e espiar amigos em festas e viagens, escanear visualmente suas casas ou suas maneiras de falar, desempenharam um papel importante aqui. Nunca esquecerei como me impressionou uma mulher idosa vestida de roupas quase hippies, coloridas e esvoaçantes, que me abordou em uma festa e, me pegando pelo botão, perguntou: "E você, querida, qual é o seu ascendente?".

Foi quando surgiu na minha cabeça, como um relâmpago, uma ideia: ASTROLOGIA. Duszejko se ocuparia de astrologia. Essa seria sua ordem alternativa do mundo.

Tudo isso serve para dizer que a personificação não se reduz a uma projeção pura e ingênua.

A psicanálise simples não se aplica aqui, pois ela é escravizada pelo tempo: só pode se referir ao que foi e nunca ao que será. A psicanálise busca no passado razões para nossos comportamentos, em núcleos do que viemos a ser. Mas é possível também uma psicanálise completamente diferente, direcionada em sentido inverso, sugerindo que se deva tratar a si mesmo, ao "eu" que existe aqui e agora, como um núcleo do que nos tornaremos no futuro. Se aplicarmos esse método, Duszejko será uma projeção possível de mim própria no futuro. E talvez seja assim mesmo: se tudo correr nesse sentido, se os nós de conflitos e traumas não forem desatados, se o ambiente e os mecanismos que o regem não mudarem, se as emoções não forem liberadas e se o estado de impotência adquirida durar mais vinte anos — sim, advirto que me tornarei Janina Duszejko.

Perspectiva mitológica

Uma vez que já sabemos que os personagens literários podem ser conglomerados do pensamento consciente, da observação de pessoas vivas e da projeção dos próprios traços de caráter, o que no fundo não é nenhuma descoberta espetacular, eu gostaria de acrescentar à minha receita mais um ingrediente, sem o qual, acho, a literatura nem sequer poderia existir. Quando falo da psicologia da criação narrativa, da construção de personagens e da criação do mundo ficcional em romances, quando examino outras escritoras e escritores, me pergunto como é possível que sobre suas mesas, em seus quartos comuns, comecem a se projetar, como hologramas, mundos diversos que, transpostos depois para o papel, passam a participar da vida psíquica de outras pessoas.

Parece-me, porém, que o espaço dessas labutas criativas não é a realidade, nem se trata de questões de estilo ou de linguagem em si. Trata-se de algo mais: do acesso ao espaço polimorfo, mal descrito (ou talvez só existente em imagens) do mito que, a meu ver, existe em cada um de nós.

Nesse espaço ocorre um processo incessante de autocriação, discussão com o mundo e evocação de sua enorme memória. Nela cabe toda a experiência humana da vida e do mundo, outras pessoas e outros seres, heróis e personagens literários, cultura pop, fábulas e mitos. Basicamente, no espaço do mito, a condição ontológica de cada ser é igual: de um deus e de um animal que fala, de um humano e de uma pedra que olha. Esse espaço maravilhoso, ao qual às vezes temos acesso, é um sésamo fabuloso: dizemos "abre-te" e ele se escancara, pondo à nossa disposição as infinitas riquezas de seu interior, que podemos desfrutar à vontade. Mas espere aí: como em outra fábula, elas não podem ser levadas para fora no mesmo formato que têm ali dentro. Sua substância peculiar, a matéria de que são feitas, não aguentaria um encontro com o mundo "isto ou aquilo", com o mundo de formas e linguagens frequentemente vulgares. As imagens se dissolvem, se estilhaçam e se desfazem em pó em nossas mãos. Para que possam ser levadas para fora do sésamo, será necessário encontrar um meio especial de transporte ou conversão. Às vezes isso dá certo: imagens ambíguas, complexas e compostas de várias camadas chegam aqui, do nosso lado, como motivos mitológicos, narrativas, contos de fadas, estranhos provérbios, alguns símbolos — logotipos do lado de lá.

Uma mulher velha que percorre vales e montes em busca de seus entes queridos com uma foice, perdão, uma sacola cheia de gelo, desesperada e vingativa — é uma imagem que já conhecemos de algum lugar.

Às vezes tenho a impressão de que todos os nossos amigos constituem uma compacta constelação desse tipo de personagens já conhecidos de algum lugar. Que organizamos sua existência conforme um padrão que já surgiu e sempre regressa em sua ordem irresistível, enquanto nós só temos uma vaga percepção dele.

O pensamento mitológico costuma ser tratado como propriedade dos tempos infantis do ser humano, característica da cultura tradicional em que o mito desempenhava a função de uma narrativa universal que explicava e justificava a ordem do mundo. O pensamento mítico não distinguia o humano de outros elementos do mundo: ainda não se dera a alienação do ser humano da natureza. O ser humano acreditava ser parente de animais e plantas e que havia conexão entre ele e o mundo da natureza. O pensamento mitológico procura relações não óbvias entre fenômenos, praticando uma arte de síntese cheia de fantasia e coragem. Ele tem capacidade de ligar fenômenos remotos e evidenciar semelhanças surpreendentes entre eles. É sensível a fatos ínfimos, detalhes que costumam ser negligenciados, levando às vezes ao pensamento conspiratório, mas na maioria dos casos é capaz de transcender o óbvio. Recorrendo ao ritual, ele nos acalma e assegura que o mundo pode ser confiável.

Estou convencida de que o pensamento mítico não desapareceu para sempre e continua a existir em nossas mentes, manifestando-se de vez em quando em várias esferas da nossa vida (religião, bolsa de valores, bem como no cotidiano em geral). Na arte, por sua vez, parece uma condição sine qua non de qualquer expressão artística.

Isso foi muito bem apresentado por William Wordsworth, que escreveu:

A cada forma natural, rocha, fruta ou flor,
Mesmo a cada pedra avulsa que cobria a estrada,
Eu dei uma vida moral: eu as vi sentir
Ou as liguei a um sentimento: a grande massa
Estava imersa em uma alma animada e tudo
O que eu avistei respirava com sentido interno.

Da perspectiva mítica, o mundo se revela personificado, vivo, cheio de um vibrante elã vital e, em consequência, de sentido. Não é um mundo mecânico e aleatório, mas antes um mundo saturado de seres que exige de nós um envolvimento apaixonado em sua realidade indivisa. Sujeito e objeto, deus e humano, humano e animal, humano e natureza — tudo é interconectado através de sutis correspondências, laços repletos de significado.

É por isso que considerar o mundo e os deuses vivos ou mortos depende exclusivamente da condição de nossa psique.

Na consciência mítica, pessoas imaginadas se revelam perfeitamente reais e constituem um componente integral da imaginação enquanto informações que são por ela processadas e reconstruídas, fundidas em novas configurações. A criação de personagens acontece precisamente no cadinho da imaginação — daquele modo especial e profundo em que funciona boa parte de nossa psique.

Personalidade múltipla

Agora quero apresentar uma hipótese bastante ousada e até mesmo excêntrica...

Quando eu era menina, observei minha avó estripar uma galinha para o almoço. Aquela lição caseira de anatomia provocou em mim uma tremenda impressão de que eu me recordo até hoje. Dentro da galinha havia ovos, cada um numa etapa diferente de desenvolvimento: desde aqueles já quase prontos, com casca, passando por aqueles cobertos por uma membrana fina e branca, até pequenas bolhas amarelas do tamanho de uma moeda e ainda menores.

Dentro de cada ser vivo mora o tempo, então quando matamos, este tempo interno fica interrompido. Fazemos, desse modo, com que algo seja incompleto, destruindo todo o futuro e todas as potencialidades, situações possíveis. Interrompemos a cadeia de emergência de uma multiplicidade maravilhosa e de uma potencialidade ilimitada. Sim, eu tive pena da galinha e de sua existência individual, mansa e galinácea, mas tive mais pena ainda de todas as possibilidades que estavam em seu interior, daqueles seres possíveis.

Acontece que, daquela dissecação cruel, eu consegui aprender uma lição: é muito provável que nós também sejamos múltiplos no nosso interior, que as hierarquias ocultas de potencialidades criem em nós novas possibilidades do tempo, que não se possa excluir até que dentro de nós haja personalidades ainda não desenvolvidas, não acabadas, paralisadas em várias etapas de amadurecimento. Daí, já é fácil projetar este aprendizado para nossa psicologia imprecisa da criação: ao formar personagens literários, no fundo oferecemos a eles essas possibilidades de nós mesmos.

A aventura com Duszejko é uma aventura com um narrador dissociativo. Lembremos: é um tipo de narrador que se personifica sob uma forma de personalidade concreta e integral com uma voz própria e, em grande parte, independente, uma visão própria do mundo e uma sensibilidade só sua. Tudo isso resulta de um processo psicológico bastante peculiar em que o autor deixa que o narrador/personagem anexe para o tempo da narrativa uma esfera do "eu" autoral maior do que costuma ser, o que resulta em uma espécie da possessão, ou melhor: apoderamento, para não desagradar aos serviços de exorcismo que hoje atuam de modo muito ativo. A aprovação voluntária do escritor se revela uma jogada muito eficaz. Aproveitando os recursos energéticos do autor, o narrador/personagem é capaz de criar uma personalidade convincente que, embora integrada, de alguma forma ganha autonomia e se emancipa.

A psicologia, em particular a psicanálise, chamou a atenção para o fenômeno da personalização, ao lidar com casos psicopatológicos, como personalidades múltiplas, transtornos dissociativos ou alucinações. É curioso que, ao mesmo tempo, ela tenha se servido, como os gregos antigos, de personificações que constituíam outra forma de personalização: ela criou Ego, Superego, Criança, Pai, Horda Primitiva e assim por diante.

Eu sempre defendi uma abordagem psicológica de acordo com a qual a obstinação na crença em um "eu" uno e indiviso era produto de nossa cultura, refletindo nosso individualismo desenfreado. Os méritos civilizacionais, desse ponto de vista, são inquestionáveis: queremos ser tratados como pessoas, reivindicamos nossos direitos e projetamos nossa singularidade e integridade interior para um Deus monoteísta, considerando religiões politeístas uma espécie de criancice. Mas talvez seja melhor, pelo menos no caso de questões artísticas, admitir o contrário: dentro de nós há uma multiplicidade (meu nome é legião), um mar de potencialidades, características mal esboçadas, formadoras de outras identidades, possíveis embora incertas, que aguardam tempos melhores em que consigam se fazer ouvir e surpreender seu dono/hospedeiro, de modo que ele grite pasmado: "nunca pensei que eu podia me comportar dessa maneira" ou "mas isso não sou eu".

Enquanto se escreve um romance, essa força centrífuga se acentua: os escritores e as escritoras desfrutam abundantemente sua multiplicidade interior e lembram mais um cacho de *personae* do que uma mônada fechada em si mesma. É possível que eles abriguem em si várias personalidades e cada uma delas seja uma personalidade potencial, disposta a se manifestar apenas na história narrada, sem perturbar o funcionamento cotidiano.

Parece que nosso caos e tumulto interior são nossa maior riqueza.

Ternura

Nenhuma personificação, mesmo sendo construída sob um alicerce mitológico mais profundo, será capaz de criar um personagem convincente sem uma coisa que eu chamo ternura.

Uma Duszejko materializada e dotada de voz não se tornará um ser humano completo que apele à imaginação do leitor sem um pouco de amor. Não sei como descrever esse tipo de afeto por um ser abstrato como um personagem literário. O simples fato de que um personagem inventado ou projetado suscita emoções testemunha que ele já se constituiu, delimitou-se, adquiriu caraterísticas humanas, demarcou seu lugar na existência, separando-se, desse modo, de seu criador. E é nessa distância que pode surgir uma emoção perfeitamente verdadeira. Este pequeno "clique", momento significativo em que um personagem irreal inspira uma empatia absolutamente real, abarca todo o mistério da criação.

Aquilo que no início foi uma projeção personificada, afastando-se arbitrariamente de seu criador e passando a existir por conta própria, regressa ao autor em sua forma mais completa e demanda amor, ou seja, uma segunda constituição de sua personalidade. Essa estranha alquimia da relação entre o criador e o personagem, de modo paradoxal, o torna mais forte e ainda mais independente.

Eu insistiria que, de uma forma ou de outra, o criador sempre amaria seu personagem porque, caso contrário, não seria possível construir profundamente sua identidade e psicologia. Como Deus, que, criando o homem no paraíso, tem que lhe dar amor e ternura, e cedendo-lhe liberdade, aceita abrir mão de seu controle sobre ele e de sua própria força.

O que Duszejko me ensinou

Já dissemos que a emergência de personagens fortes, prontos, integrados e independentes indica que estamos tocando a esfera do mito.

Nesse enorme reservatório para o mito que é nossa psique, cabem, comprimidos em narrativas e personagens, os padrões do comportamento humano fundamentais para a memória de nossa espécie.

Ao mesmo tempo, é um manual peculiar de instruções, porque tudo o que ali cabe se revela fluido, vago, de modo que os elementos se sobrepõem e a única lógica vigente é a lógica onírica. Esse enorme reservatório de imagens é muito prestável para nós. É graças a ele que sabemos nos comunicar no nível mais profundo.

O grau de integração e independência de um personagem pode ser medido pela sua disposição à troca. Quando decidi que Duszejko seria fascinada pela astrologia, eu, por conta própria, tive de erguer para ela uma ponte construída dessa antiga e bela arte de procura de sentidos no mundo. Iniciei meus estudos e, sugerindo à minha personagem certas regras e princípios, vi como ela, seguindo sua própria missão, sendo psicologicamente definida e emocionalmente traçada, começou, meio por si mesma, a usar essas regras para compreender o funcionamento do mundo em que vivia. Observar Janina Duszejko empregar antigas regras da astrologia para descrever seu próprio meio foi maravilhoso. Porque foi Duszejko que, acreditando ou não, defendeu que os assassinos eram animais e precisou de provas astrológicas para esboçar essa hipótese. Vasculhei, portanto, vários volumes, em busca de pequenos indícios e dicas, ensaiei horóscopos das vítimas, inventando para elas data e hora de nascimento. Deliberei comigo mesma sobre diferenças entre a posição da Lua em Escorpião de sua posição em Leão. Admito que foi um tempo muito prolífico que me convenceu de que cada conhecimento sistematizado, composto de elementos logicamente interligados e com coerência interna, é capaz de explicar tudo o que quisermos, se nos esforçarmos o suficiente. A perspectiva de Duszejko chamou a minha atenção para coisas muito interessantes, por exemplo o fato de que no enorme universo da astrologia há espaço para a categoria de "animais pequenos" e que no estudo de dependências e relações mútuas ela é levada tão a sério como "assuntos amorosos", "modos de ganhar dinheiro", "emprego" ou "carreira". O pensamento excêntrico de Duszejko me insinuou também que certas circunstâncias (nesse caso, o alinhamento de planetas) consideradas benéficas, favoráveis, podiam ter um lado sombrio, e que na verdade não existia algo como "sucesso" ou "fracasso", dado que cada uma das situações designadas desse modo era infinitamente mais complexa do que uma valorização simples e dualista teria sugerido. Quando Duszejko examina um dos personagens, ela vê que — usando linguagem de campo totalmente diverso — seu rico "capital cultural e social" causa preguiça e entorpece qualquer motivação. A isso ela chama síndrome de Vênus Preguiçosa e a descreve em detalhes. Um conceito desses nunca teria vindo à minha cabeça se Duszejko não tivesse me deixado mudar minha perspectiva, abandonar o lugar cômodo a partir do qual vejo tudo, e enxergar o mundo pelos olhos de uma mulher do campo, velha, solitária e excêntrica, que lia horóscopos de modo igualmente excêntrico e incomum.

Todavia, a tarefa mais importante que eu pude executar graças a Duszejko foi examinar de perto uma das emoções humanas mais significativas: a raiva. A missão que essa personagem exigiu desde o início foi estudar todo o potencial da raiva.

É uma emoção tratada por nós sempre de forma pejorativa, como destruidora e portadora de caos e violência. No entanto, ela surge muitas vezes como reação à limitação da própria força e liberdade, uma réplica à impotência. Ela explode quando percebemos que nosso sentimento de dignidade e justiça foi maltratado. *Sobre os ossos dos mortos* é, no fundo, um livro sobre o potencial da raiva enquanto resposta de um cidadão decente à situação em que todos os modos disponíveis de agir e se opor a uma lei imoral se esgotaram, sendo preciso tomar medidas que ultrapassam o reconciliado e o aceitável. Nesse sentido, a raiva desvenda paradoxalmente sua outra face, dessa vez positiva: a compaixão. Posicionar-se ao lado dos fracos, excluídos, desamparados, silenciados — eis o campo de ação de Janina Duszejko. É claro que isso assume uma forma violentíssima, mas a literatura, como a arte em geral, serve precisamente para enfrentar aquilo que nunca nos deixaríamos fazer na vida real, permitindo que procuremos processar no mundo da ficção e imaginação os lados sombrios da nossa natureza. Duszejko, adotando mais uma vez sua perspectiva excêntrica, domestica a raiva, transformando-a em instrumento de influência sobre o mundo ao redor, junto com todas as suas consequências mais assustadoras. Um exemplo disso é a maneira como ela lê Blake, vendo nele um poeta subversivo, um rebelde que se insurge contra toda espécie de establishment: religioso, moral, civilizacional.

Se eu não tivesse alguém como Duszejko à mão, é possível que nunca conseguisse adotar um ponto de vista tão radical e novo.

Janina Duszejko sai à rua

Hoje, lembro o tempo em que trabalhei em *Sobre os ossos dos mortos* com certa distância. Depois de ter escrito *Correntes*, entrei em estado de estranho vazio e achei que minha cabeça estava completamente arrumada, sem nenhuma ideia solta, por mais mísera, mais fraca que fosse. No fundo, eu me senti bem com isso. Foi um momento que coincidiu com grandes alterações na minha vida que me afetaram muito, inclusive uma mudança e várias viagens. Não planejei escrever outro livro. Logo, porém, descobri que havia esquecido o contrato feito com meu editor, que me obrigava a entregar mais uma obra dentro de certo prazo. Já que eu fui ficando cada vez mais relaxada, a notícia me pegou no susto, como uma calamidade. Não porque eu receasse a falta de ideias, mas porque a escrita é para mim um trabalho árduo, físico, de que sinceramente não gosto. Pensei que a forma mais simples de lidar com aquele compromisso seria seguir o caminho mais fácil e escrever algo bem encaixado em determinado gênero. Eu iria criar um romance descomplicado, linear, um daqueles que zarpa e segue sozinho, audaz e autônomo, atravessando o mar inquieto da ficção. Por isso, tirei férias de seis meses, desapareci da minha vida, e me retirei para um lugar calmo e recluso para escrever.

Eu diria hoje que usar uma forma pronta, como romance policial, facilita muito a escrita. Não estranha que tantas pessoas se sintam atraídas por esse gênero. Criar uma narrativa policial é um pouco como fazer um bolo: há receitas exatas que indicam o que, em que proporções e em que ordem se deve usar; ademais, tira-se do armário uma fórmula pronta para colocar a mistura. O resultado é um produto inteiro, compacto, característico, reconhecível. Nos livros anteriores, eu tive que lutar com a fôrma, inventar toda a receita do começo até o fim, brigar com moldes, demorando para saber qual seria o feitio da minha escrita.

Uma fórmula pronta é bom. Nós, cidadãos-literatos da Europa Central, deveríamos finalmente fazer as pazes com ela, apesar de nossas longas "labutas", nas palavras dramáticas de Witold Gombrowicz. Tivemos uma experiência distinta (diferente da Europa Ocidental) para comunicar, tivemos outra noção do tempo, da história, das relações interpessoais. Muitas vezes nos sentimos colonizados pelo Ocidente, mas não soubemos nos opor a ele com algo que fosse próprio e igualmente potente. Por isso nos debatemos, procurando reinventar a roda. Por longas décadas, não se escreveram na Polônia bons romances que se tornassem mainstream, nem sagas, nem coletâneas volumosas e cativantes de contos. Houve falta de romances de costumes, e o romance policial se tornou um gênero tão desprezado que, para praticá-lo, era necessário adotar um pseudônimo e concordar com o rótulo "popular" ou, pior ainda, "para mulheres".

Fazer as pazes com a fórmula — acho que é isso mesmo que está acontecendo neste momento diante de nossos olhos. Padrões, normas e modelos ocidentais estão vencendo nessa nova geração globalizada e cosmopolita (no bom sentido da palavra) que parece não partilhar a maioria de nossos complexos. Escritores jovens recorrem cada vez mais aos padrões romanescos já prontos, na maioria anglo-saxônicos ou escandinavos, e a narrativa policial, enquanto a mais ambulante e procurada, vai dominando o mundo do romance.

Em cada caso singular há, obviamente, várias incógnitas — personagens, enredo, elaboração de tramas, desfecho do mistério —, mas, mesmo assim, a situação em que um escritor se encontra no meio de um "projeto", como se diz agora, com horizontes claramente esboçados, faz com que tudo constitua uma tarefa finita e o próprio ato de escrever seja amigável, seguro e sujeito ao constante controle racional. Até aquele tempo, nos romances anteriores, a escrita foi para mim um salto de cabeça para o desconhecido.

Lembro-me da história de dois sapos: um otimista e outro pessimista. Ambos caíram em uma panela com nata. Tendo examinado com atenção suas chances de sobrevivência, determinaram juntos que eram poucas ou nulas. O pessimista decidiu, portanto, que não adiantava se esforçar e morreu afogado, mantendo a dignidade. O otimista, por sua vez, lutou pela sua vida contra o senso comum. Debateu-se, nadou na nata em todas as direções, enquanto teve forças. Em dado momento, descobriu que, com seus movimentos desesperados, havia batido a nata até virar manteiga, conseguindo então sair da panela e se salvar. O que eu quero dizer com isso é que meu trabalho em *Sobre os ossos dos mortos* lembrava mais o comportamento do sapo otimista: escrevendo caoticamente, um pouco aqui, um pouco ali, pulando de um quadro para um diálogo, de uma descrição para uma nota, criando tramas e construindo personagens, eu fui batendo o caos até virar romance. Para isso, é necessário mesmo um otimismo inesgotável, muito mais importante do que o talento ou a diligência, tantas vezes sobre-estimadas.

No sentido mais geral, *Sobre os ossos dos mortos* é um livro sobre fracassados, pessoas de alguma forma atípicas — *freaks*, outsiders, dissidentes. Perderam o momento em que o mundo deixou de lhes pertencer: enquanto se ocupavam de Blake ou de astrologia, ele ficou nas garras de machos psicopatas, confiantes em si mesmos e em suas razões, os quais, chegando ao poder, cortaram o mesmo mundo em pedaços e o dividiram entre si como pizza. Eles impuseram sua fé, suas mundividências, seu pensamento superficial e despojado de empatia em relação aos outros, sua atitude instrumental em relação à natureza, sua moralidade hipócrita e sua ética do mais forte.

Diz-se que para o governo e a política são predestinadas pessoas extrovertidas e arrojadas, autoconfiantes e com habilidade para apresentações em público. Um ataque não as abala, antes pelo contrário — mobiliza-as para a luta. Elas sabem se defender e sentem que suas razões são sempre mais importantes e melhores que as dos outros. Essas pessoas costumam ter qualidades de liderança, bem como capacidades maquiavélicas, manipuladoras — ou seja, usam os outros sem pestanejar como instrumentos para a realização de suas tortuosas metas. Essas pessoas dificilmente são envergonhadas, tampouco sofrem com a sensação de culpa, porque não a têm. Não sentem necessidade de pedir perdão, não sabem o que é humildade, gostam de competir. Às vezes são valentões destemidos. Baseiam suas relações com os outros na superioridade de seus próprios interesses, não se ligam emocionalmente a ninguém ou a nada, pelo que é mais fácil mudarem de alianças e se adaptarem a uma nova situação — eles mesmos consideram isso inteligência social. Carecem por completo de empatia: se a possuíssem, não poderiam ser tão eficazes.

O leitor já deve ter adivinhado que estou descrevendo aqui um tipo de personalidade que é amplamente designado como psicopata.

Considerando a ordem do mundo desse ponto de vista, é fácil perceber que vivemos em um regime estranho, em que existe uma espécie de novo sistema de classes: no poder estão psicopatas que impõem suas hierarquias de valores a neuróticos, totalmente diferentes deles, sensíveis, que no mundo daqueles se sentem alienados e não sabem lidar com ele, não tendo quase nenhuma chance de reivindicar seus direitos.

Obviamente, é uma visão simplificada do mundo, mas acho tão sintomática que foi possível fundamentar nela a ordem mítica do mundo do planalto, onde se passa a ação de *Sobre os ossos dos mortos*.

Eu estava, então, perante uma divisão simples que fundamentava uma espécie de pirâmide do poder. No seu topo havia homens: patriarcais, paternalistas com a ralé, autoconfiantes, impiedosos e cínicos. Embaixo, por sua vez, havia uma *mixed multitude*: a maioria colorida e heterogênea "dos outros", sem força suficiente, com organização pior, frequentemente excluídos, despojados de aspirações ao poder, compelidos a viver sob condições ditadas por aqueles que estão no topo e arrumaram para si uma posição melhor.

O elemento mais fraco da pirâmide do poder são obviamente os animais. Foram eles que se tornaram símbolos de todos aqueles "pobres de espírito", "mansos" e "limpos de coração", dos quais os Evangelhos falam tão lindamente que acabam por consolar, pois serão eles que alcançarão o reino dos céus. Eu procurei evitar essa regra simples e, a meu ver, falsa, que situa os seres humanos e os animais em lados opostos da barricada. Tratei os bichos como os maiores excluídos, os mais desprezados, privados da voz — literal e metaforicamente. Anulei a fronteira entre o humano e o animal, mostrando que ela ficava em um lugar totalmente diferente e não tinha a ver com a espécie, mas antes com o poder e o acesso aos bens. É por isso que Duszejko chama suas cachorras de "meninas". Como se vê, as netas da protagonista que apareciam na ideia inicial do livro evoluíram, transformando-se em cachorros.

A cena do romance em que o padre Farfalhar vem visitar Janina Duszejko e vê pela janela o pequeno cemitério para animais poderia ter acontecido comigo. Um cemitério semelhante em meu jardim sempre acabou provocando, mais cedo ou mais tarde, conversas sobre animais, sobre nosso luto por eles e sobre em que medida os bichos faziam parte de nossa família mais próxima. Os laços e a intimidade emocional que nascem entre um ser humano e um animal não são piores do que os estabelecidos por seres humanos entre si. E isso não pode ser julgado como desvio excêntrico, histeria ou algo assim. Duszejko e suas duas cachorras formam uma família, desde que se defina família como um grupo de pessoas relacionadas emocional e economicamente que possuem interesses comuns, passam muito tempo juntas e oferecem umas às outras apoio e sensação de segurança. A definição do animal como pessoa não humana, que entrou bravamente na filosofia e na ética, hoje já não deveria surpreender ninguém.

Desde que eu me lembro, o sofrimento dos animais sempre me afetou muito. No entanto, é difícil escrever sobre bichos e seus direitos ou seu lugar no mundo. É fácil incorrer em um tom científico e despojado de emoções ou, pelo contrário, um tom sentimental, choroso e paternalista. Desde o início eu tive a consciência desse perigo: esse livro não podia ser escrito de forma demasiadamente direta, com uma seriedade didática. Ele havia de parecer tragicômico e ter muito humor negro e amargo. Duszejko também entendia isso muito bem. Às vezes, ao escrever seus monólogos, eu chegava a dar gargalhadas, porque era tão maravilhoso forçar a barra e se dar ao luxo de evocar todas aquelas teorias esquisitas que ela criava — perdão: criávamos.

Eu escrevia a manhã toda e depois, por volta das três da tarde, fazia um intervalo e andava um pouco de bicicleta. Às vezes eu ia mais longe e perdia a noção do tempo, mas acho que dentro de minha cabeça eu continuava sempre a trabalhar. Depois do chá, eu passava os finais da tarde corrigindo aquilo que eu tinha escrito de manhã. Em suma, eu trabalhava dez ou doze horas por dia. Por volta do terceiro mês de escrita, voltei a sentir dores na mão, nas duas, embora cada uma doesse em um lugar e de modo diferente. Foi quando, querendo relaxar, comprei cigarros e fui fumando um ou dois por dia para relaxar. Isso me mobilizou, ainda que, no fundo, eu não tivesse nenhuma necessidade de fumar e pudesse deixar de fazê-lo. Parece que eu precisava de um ritual. Quando eu já estava praticamente na reta final do livro, fui tomada por uma enorme excitação, levantando-me e me afastando do computador, voltando para acrescentar duas ou três frases e indo embora de novo. Eu acompanhava Duszejko de forma muito intensa quando ela confessava seus crimes. Eu *entendia* seu estado de espírito e ao mesmo tempo estava *chocada* com sua confissão. Eu sabia, de fato, como isso ia acabar, mas mesmo assim fiquei surpreendida com o desfecho tão trágico. Quando escrevi as últimas páginas, fiquei tão triste que, fumando aquele maldito cigarro na varanda, até chorei.

Tive um problema ético com o desfecho. Por muito tempo, praticamente até o fim da tarefa, o livro terminaria com a detenção de Duszejko, como deve acontecer em qualquer boa narrativa policial, em que o crime precisa ser punido. Depois, porém, comecei a submeter essa ideia a uma crítica cada vez mais profunda. Se Duszejko fosse presa, o livro inteiro não faria sentido, porque mostraria que os esforços da protagonista, toda a sua filosofia, se reduziriam à baboseira inofensiva de uma velha, à loucura de uma excêntrica. Isso significaria que a lei de Urizen e as leis de Ulro blakeana não se deixavam ultrapassar, que estamos presos, "vivemos em uma panela com tampa", como diria, talvez, Duszejko. O livro se tornaria um produto pré-fabricado, mais uma narrativa policial cuja questão principal seria "quem matou?", uma diversão à toa, uma pequena brincadeira para a multidão. Por isso, tendo conversado com pessoas próximas que estavam lendo trechos do texto, decidi que Duszejko sairia impune. Ou quase impune, já que sendo uma mulher doente, ou até muito enferma, estaria sujeita, por fim, ao maior castigo de todos: a morte. Como nós todos, aliás, a despeito do que façamos.

A vantagem de um personagem literário sobre uma pessoa real é que sua morte não é definitiva. Nesse sentido, os personagens literários são mais perfeitos e longevos que nossas efêmeras existências humanas. Os personagens literários ganharam aquilo que não conseguimos: imortalidade (embora ela signifique frequentemente que eles hão de morrer muitas vezes, por toda a eternidade). Eu deixei Duszejko em um estado de punição perene em exílio, em algum ponto da Floresta Primeva de Białowieża, no fundo de uma natureza livre de ameaças e eterna — como parecia naquele tempo, antes da atuação do demoníaco ministro.* Minha Janina Duszejko está em algum lugar ali, naquele além-mundo literário, na semiexistência, ainda que tão real. Se o que os filósofos diziam — que o real é aquilo que age — é verdade, Janina é real. Às vezes aparece até na rua — como um nome na bandeira, é certo, durante alguma manifestação em defesa de Białowieża, mas atua e exerce uma influência perfeitamente real sobre o mundo.

---

* Referência à decisão do então ministro do Meio Ambiente da Polônia que permitiu derrubadas na Floresta Primeva de Białowieża, um dos últimos terrenos de floresta primária na Europa. [N. T.]

Fotografia

Sou uma adepta antiquada da psicologia. A linguagem que adquiri quando jovem se baseia em grande parte na psicanálise clássica e eu continuo até hoje tão vinculada a ela que provavelmente nunca vou aprender nenhuma outra com igual sucesso. Já não ficarei arrebatada por sofisticadas concepções racionais do cognitivismo ou evolucionismo — não sei, aliás, o que está acontecendo atualmente na psicologia. Em algum sentido, sou um fóssil que pensa que, em comparação a todo o resto da psique, o ego é algo frágil e delicado, a cereja do bolo. O bolo, por sua vez, tem formato de cone e é composto em camadas. Cada camada significa regiões cada vez mais profundas da mente, chegando, por fim, ao nível coletivo — este, por sua vez, logo será ultrapassado a caminho do mundo não humano, orgânico e finalmente não orgânico. Acho que abrigamos em nós todo o mundo e o tempo, ou seja, não apenas o passado individual, mas também da espécie, e outro, ainda maior, para o qual não tenho nome.

Desfruto esse recurso e o veículo que me permite fazer isso é a imaginação. É o que me deixa criar, em determinadas condições, personagens cuja perspectiva pode ser adotada para descrever o mundo. Seus pontos de vista muitas vezes foram surpreendentes para mim mesma, transcendendo de certa forma meu banal "eu" cotidiano. Eu chamaria esses personagens de auxiliares porque eles suportam o peso de algo maior. É bastante frequente, porém, que esses personagens cresçam muito e acabem ficando tão vinculados a outras ações mais importantes que não se pode imaginar sua ausência.

Duszejko é precisamente uma dessas personagens, de alguma forma emblemática, que se apoderou de mim e seguiu amadurecendo devagar durante a escrita do livro. Afinal, não acabei com ela, como se acaba com contas que já não se usam. Ainda a guardo comigo. Talvez precise dela no futuro.

Portanto, os personagens literários são nosso sonho, nossa forma superior de existir, separada da experiência e imaginação, que, embora tenha consciência de sua própria gênese, provavelmente não sabe de nossa presença. Quem sabe tudo isso faça parte de uma estrutura maior, hierárquica, e nós mesmos somos uma literatura escrita pela natureza, personagens oriundos da imaginação vegetativa, ou mesmo não orgânica, do mundo?

Para os personagens literários, assumo poeticamente a existência de uma dimensão especial, uma espécie de depósito de seres.

Eles ficam ali quando o romance é publicado e suas histórias, dramas e tragédias passam a se desenrolar na mente dos leitores. Como avatares virtuais, eles incorporam entrelaçamentos de nossas experiências individuais, mas no fundo universais, enfrentando-as por nós e para nós. Vivem de certo modo eternamente, até que sejam queimadas as bibliotecas e nossos servidores e nuvens saiam voando para o universo. Não se gastam com gerações seguintes de leitores; quando muito, ficam um pouco desbotados quando a realidade muda tanto que suas histórias deixam de ser compreensíveis. Assumem triunfalmente seus destinos, desfrutam o sabor de suas (mesmo que escritas por alguém diferente) memórias e se alegram com qualquer sombra de fisicalidade que lhes é concedida. Nunca nasceram, embora aleguem que sim. Defendem também que têm parentesco com deuses. Exercem uma enorme influência sobre o mundo. Seus nomes e sobrenomes são mais memoráveis que nomes e sobrenomes de pessoas verdadeiras; eles sabem fazer a cabeça de alguém, ser modelos a imitar ou pelo contrário — são considerados malditos, por sua causa pessoas vivas são capazes de cometer suicídio. Penso naquele espaço extradimensional, naquele *bardo* literário com muita frequência, voltando a meus heróis favoritos: ao Kien, leitor perdido no mundo e desamparado de *Auto de fé*, de Canetti; ao calado capitão Nemo de *Vinte mil léguas submarinas*, de Verne; à inescrutável e infeliz Anna Kariênina; a Marta, Alice, Gregor, Hans, Barbara... Não teria tempo suficiente para evocar todos pelo nome.

Por fim, quero afirmar com toda a convicção que *não há arte sem uma pitada de irracionalidade*, já que a arte exprime sempre a totalidade da experiência humana, em que cabem, de fato, intuição e obsessões, loucura e fantasia, tanto quanto ideias. A linguagem, por sua vez, é a faca e o garfo com os quais consumimos com elegância a realidade.

O País do Entre

Prezadas senhoras e prezados senhores, depois de ter terminado um dos romances mais exaustivos de minha vida, eu tive um sonho.

Tudo se passava em um lugar ensolarado, de veraneio, que lembrava talvez um pouco os centros hoteleiros socialistas que eu conhecia da infância (as Areias Douradas ou a Costa do Sol, na Bulgária). Eu me encontrava em um teatro aberto, localizado no meio de árvores altas e frondosas. A plateia, em forma de um pequeno e aconchegante anfiteatro de madeira, estava se enchendo de espectadores. Em roupas claras, vinham ao teatro, exaltados e satisfeitos, os personagens de meu romance. Eu reconhecia a todos sem esforço, apesar de suas vestes contemporâneas, e logo soube quem era quem. Eram muito reais, seus rostos adquiriram finalmente um maravilhoso realismo, tinham sinais e sardas, embora durante a escrita eu os tivesse percebido meio embaçados e vagos. Agora conversavam uns com os outros, riam e brincavam. Sua materialidade me maravilhava e eu a absorvia, emocionada. Eles estavam relaxados e simpáticos, me cumprimentando cordialmente, como se fôssemos amigos de longa data, como se eu tivesse vindo fazer uma visita, e eu observava aquele festival com lágrimas de comoção brotando em meus olhos. Éramos íntimos, com certeza constituíamos uma espécie de família, comunidade formada em algum lugar e em algum tempo, nos vastos e inapreensíveis espaços da imaginação.

De tanta exaltação, eu acordei, não tendo visto o início do espetáculo, nem sequer sei o que seria encenado. Porém, me veio à cabeça uma ideia singular de que os personagens daquele país nem humano, nem abstrato, divino, de alguma forma celebravam a criação do romance.

Eu já falei que a emergência de um personagem literário era para mim o momento mais misterioso de todo o processo psicológico chamado escrita. Muitas vezes, o que me acompanha durante o trabalho é uma sensação de epifania. Ela costuma concernir a personagens que devido ao seu papel — como narradores ou protagonistas — são decisivos para a história que está sendo criada. Já mencionei isso na palestra anterior: seria uma enorme simplificação afirmar que os personagens são pura e simplesmente inventados. Antes, eles surgem de um país nebuloso, primeiro lutam com a falta de forma, se deixam entrever, para depois aparecer em todo o seu esplendor, já prontos, exigindo apenas alguns retoques. Mesmo assim, continuam sendo enigmáticos, o que quer dizer que não são completamente cognoscíveis. Nunca se sabe com que podem surpreender. Muitas vezes, quando lhes dei voz, fiquei pasmada com o que diziam. Confiante, anotei suas falas nos diálogos. Muitas vezes fiquei com a impressão de que os personagens tinham muita autonomia e não eram totalmente dependentes de mim. Aliás, chamar alguém "criador" de um personagem me parece um grande abuso. Aqui, sou mais uma *doula* que traz o personagem ao mundo.

Porém, quando digo que "trago" um personagem ao mundo, pressuponho a presença de uma esfera ou um espaço onde os personagens já existem antes de aparecerem nas páginas de nossos livros e, a partir dali, chegarem a nossa vida. O mesmo diz respeito, de fato, a outros seres não materiais e não humanos: deuses, santos, demônios. Eles estão em algum lugar antes de serem trazidos à tona da nossa consciência. Tudo indica que eles permanecem ali sempre iguais, abarcando em si mesmos seu próprio passado e presente, todas as suas características, a totalidade de sua história — e nós sabemos deles tanto quanto contamos depois, com todo o resto encoberto, implícito, quando muito.

Isso não se aplica, aliás, somente aos seres fantásticos, nascidos da imaginação. Na mesma esfera moram também figuras históricas, personalidades famosas que morreram há muito tempo, mas de alguma forma nos acompanham na vida como exemplos a serem imitados, autoridades, objetos de fascinação e assim por diante. Qual é esse lugar? O inconsciente? A memória? Um sulco especial no cérebro?

No *Banquete*, de Platão, quando os senhores resolvem competir na melhor caracterização do deus Eros, a palavra é tomada no final por Sócrates, que chega atrasado. Ele lembra sua mentora, Diotima, e apresentando as opiniões dela, propõe uma descrição extremamente original e convincente da realidade, que em sua narrativa constitui uma espécie de continuum não dualista em que determinados estados do ser são separados por zonas *entre*.

Diotima, despertada do passado por Sócrates, é uma pessoa muito enigmática. Nós só a conhecemos a partir dos relatos dele: "Eu ouvi um dia, de uma mulher de Mantineia, Diotima, que nesse assunto era entendida e em muitos outros — foi ela que uma vez, porque os atenienses ofereceram sacrifícios para conjurar a peste, fez por dez anos recuar a doença, e era ela que me instruía nas questões de amor".[*]

O sábio Sócrates aprende de uma mulher que junta em si características de sábia, profetisa e médica, dispondo de um conhecimento surpreendente e uma perspicácia extraordinária.

---

[*] Platão, *Banquete*. Trad. de José Cavalcante de Souza. In: *Diálogos*. São Paulo: Abril Cultural, 1972. [N.T.]

Diotima chama a atenção, de fato, para um paradoxo na apreensão da divindade de Eros:

> E por ser filho o Amor de Recurso e de Pobreza foi esta a condição em que ele ficou. Primeiramente ele é sempre pobre, e longe está de ser delicado e belo, como a maioria imagina, mas é duro, seco, descalço e sem lar, sempre por terra e sem forro, deitando-se ao desabrigo, às portas e nos caminhos, porque tem a natureza da mãe, sempre convivendo com a precisão. Segundo o pai, porém, ele é insidioso com o que é belo e bom, e corajoso, decidido e enérgico, caçador terrível, sempre a tecer maquinações, ávido de sabedoria e cheio de recursos, a filosofar por toda a vida, terrível mago, feiticeiro, sofista; e nem imortal é a sua natureza nem mortal, e no mesmo dia ora ele germina e vive, quando enriquece; ora morre e de novo ressuscita, graças à natureza do pai; e o que consegue sempre lhe escapa, de modo que nem empobrece o Amor nem enriquece, *assim como também está no meio da sabedoria e da ignorância. Eis com efeito o que se dá. Nenhum deus filosofa ou deseja ser sábio — pois já é —, assim como se alguém mais é sábio, não filosofa*. Nem também os ignorantes filosofam ou desejam ser sábios; pois é nisso mesmo que está o difícil da ignorância, no pensar, quem não é um homem distinto e gentil, nem inteligente, que lhe basta assim. Não deseja portanto quem não imagina ser deficiente naquilo que não pensa lhe ser preciso.*

Se sabemos que Eros é um constante desejo e ambição, se sabemos que ele deseja o belo, ele mesmo não pode ser belo, diz Diotima pela boca de Sócrates, porque não se deseja o que já

---

* Ibid. Grifo de O. T.

se possui. E se alguém deseja algo, ele não é perfeito e pleno como deuses.

No mito evocado por Platão, Eros é filho de Pobreza e Riqueza, dois opostos que determinam sua natureza. Mas tanto Pobreza quanto Riqueza podem ser entendidas, em termos metafóricos, como Nada e Tudo, Simplicidade e Complexidade, Mortalidade e Eternidade, Parcialidade e Plenitude, Imanência e Transcendência. Eros se situa, portanto, em um ponto entre opostos, ou mais precisamente: em um lugar em que os opostos não tanto se neutralizam quanto se fundem de modo natural. É um ponto/lugar, ou talvez um estado dotado de incrível energia, potencialidade e mobilidade. Heráclito, que foi um dos primeiros pensadores a valorizar o poder do entre-estar, cerca de cem anos antes designou a regra, vigente aqui, da reciprocidade de opostos como enantiodromia.

Devido à sua posição entre opostos, a verdadeira natureza de Eros é, com efeito, o desejo.

Diotima enxerga Eros como um ser que não é mortal nem imortal. Não é humano, já que sua proveniência é sobrenatural, mas também não é deus, porque sua essência continua a ser uma constante busca por algo que está faltando. Convém atribuir-lhe um estado intermediário (não divino, repitamos, porque os deuses, tendo tudo, não desejam nada nem ambicionam nada), condição de *daimonion*, uma vez que *daimonion* é um ser que se situa entre deuses e homens. Diotima explica a natureza de Eros enquanto um ser *entre* — μεταξύ (*metaxy*), em grego — homens e deuses. Ela usa o conceito de *metaxy* de forma completamente natural, já que os gregos empregavam esta palavra em situações em que nós diríamos "entre". Todavia, o "entre" não é apenas um espaço vazio, mas também *algo* — algo que conecta realidades de dois opostos (como em Simone Weil, quando ela escreveu sobre dois prisioneiros que se comunicam batendo na parede: "A parede é aquilo que os separa mas também é o meio de comunicação"). Com efeito, ele significa também "no meio". O termo grego justapõe dois advérbios: μετά, que, para além da acepção mais famosa (relacionada com a *Metafísica* de Aristóteles) de "depois", quer dizer também — o que é mais importante para nós — "no meio", "entre", e ξύν ou σύν, ou seja, "em conjunto", "com" e assim por diante.

No relato socrático, a palavra *metaxy* introduz o conceito de um mundo entre homens e deuses, um mundo intermediário que ao mesmo tempo separa os dois níveis e medeia entre eles, conectando-os. Esse mundo é um espaço singular onde se situam seres intermediários conhecidos como daimônicos, e é ali que Sócrates coloca Eros enquanto personagem referido no discurso.

Recapitulando: através de *metaxy*, Platão designava uma realidade misteriosa que transcende a experiência humana e aquilo que o ser humano é capaz de imaginar. É uma zona paradoxal e infinita, localizada entre conceitos, onde os significados se diluem, onde se opõem e sobrepõem, onde reina aquilo que James Hillman chamou a base poética da mente.

Metaxy descreve um modo de ser que não se deixa verbalizar nem sujeitar à análise. É algo entre linguagem e imaginação, imagem e intuição, algo elusivo, e concomitantemente o mais real, exercendo influência sobre o mundo, suas histórias e existências humanas individuais. Ao mesmo tempo, o País do Entre é uma região da vivência que permanece sempre vaga e embaçada, difícil de verbalizar, em que constantemente operam, no entanto, processos de emergência, fermentação, ebulição. É daqui que chegam na consciência conteúdos ao mesmo tempo estranhos e prolíficos. Pode-se dizer que é o lugar de origem do "exército móvel de metáforas, metonímias, antropomorfismos"* nietzschiano, do qual se reveste a verdade.

---

* Friedrich Nietzsche, *Sobre a verdade e a mentira no sentido extramoral.* Trad. de Fernando de Moraes Barros. São Paulo: Hedra, 2007. [N.T.]

Ainda que o termo *metaksy* não seja muito utilizado na filosofia, seu enorme potencial foi percebido por pensadores originais como Eric Voegelin, a já mencionada Simone Weil e o filósofo contemporâneo William Desmond. Foi sobretudo Simone Weil quem construiu, com base nesse conceito, uma metafísica particular que, no fundo, é muito próxima da ideia original de Diotima. Eu acho, porém, que procurando o País do Entre, o melhor é se debruçar sobre os trabalhos de Hans Vaihinger, cujo livro *A filosofia do como se** foi publicado em 1911. Vaihinger começa por dizer que, não podendo conhecer verdadeira e plenamente a realidade em que vivemos, temos que lançar hipóteses sobre ela e nos basear em suposições a respeito de sua natureza. Presumimos, portanto, que elas correspondem à realidade e nos comportamos "como se" o mundo correspondesse a nossos modelos. É interessante, aliás, que Vaihinger tenha recorrido, já naquele tempo, a um exemplo da física. Sabemos que as partículas elementares, todos aqueles prótons e elétrons, bem como ondas, existem, mas nenhum desses fenômenos foi observado diretamente. Mesmo assim, a ciência presume sua existência e emprega o conhecimento sobre eles para elaborar outras teorias e soluções práticas. Da mesma forma, se alguém acredita em um inferno para os maus e um céu para os bons, faz sentido supor que sua crença exerça uma influência significativa sobre seu comportamento.

Vaihinger transformou essas observações em uma concepção instigante, segundo a qual os homens se orientam por ideias fictícias que não possuem correspondentes na realidade, mas se revelam necessárias para a vida. A sua função consiste em ajudar o indivíduo a lidar de modo mais eficiente com a

---

* Hans Vaihinger, *A filosofia do como se*. Trad. de Johannes Krestschmer. Chapecó: Argos, 2011. [N.T.]

insondável realidade. Elas são estruturas auxiliares que ordenam a experiência. Quando deixarem de ser úteis, podem ser descartadas.

Embora ambas as esferas sejam igualmente dinâmicas, o conceito do "como se" se distingue do de *metaxy* pelo fato de que este é um espaço dado, existente a priori, ao passo que aquele é sujeito a uma constante criação.

No fundo, a essência do "como se" consiste na reordenação da disputa sobre o que é real e o que não é. Do ponto de vista do "como se", poderíamos dizer que o real é aquilo que exerce influência sobre nossa vida, sendo necessário para ela. A essência do conceito de *metaxy*, por sua vez, é lidar com os opostos de modo que eles possam ser apreendidos intelectualmente. Com efeito, "como se" e *metaxy* são palavras-chave que definem como tudo funciona no País do Entre.

Diotima, misteriosa mentora de Sócrates, que está preso em uma festa masculina, parece pertencer a um outro mundo, um mundo adogmático em que existe um espaço intermediário, de certa forma probatório, e por isso suscetível de negociar tudo o que só daqui a pouco adotará uma forma. A perspectiva dela, evocada por Sócrates, faz com que todos os comensais do *Banquete* fiquem subitamente sérios.

As ideias de *metaxy* e "como se" questionam o modo de pensar que adotamos junto com o cristianismo dogmatizado e o cientismo moderno — o modo "isto ou aquilo", um ponto de vista, considerado natural e óbvio, segundo o qual vivemos em um campo de opostos: dia-noite, branco-negro, um-muitos, mulher-homem, Deus-mundo, empiria-ilusão. É um modo chamado binário. *Metaxy* e "como se", por sua vez, apontam para uma esfera onde tudo existe de forma paradoxal e não exclusiva, onde as feições do mundo ondulam e permanecem sempre *in statu nascendi*, onde tudo pode acontecer e os opostos não se excluem, mas antes formam um prototecido da realidade que só se concretiza quando a sujeitamos às exigências da consciência e do discernimento. É um modo de existir corroborado pela física contemporânea que admite algo tão espantoso como o impacto do observador sobre o resultado da medição — é a presença do observador e o tipo da medição que definem se a partícula "se torna" ondulatória ou corpuscular (porque há pares de propriedades que não se deixam medir simultaneamente).

O País do Entre, que existe fora do tempo e do espaço, abarca criações de nossa mente que nunca conseguiram o estatuto da realidade ordinária. Todavia, elas com certeza têm o estatuto da realidade extraordinária. Aqui, a desconfiada Chapeuzinho Vermelho faz suas três perguntas ao lobo disfarçado de avó e Jasão navega para a Cólquida para buscar o velo de ouro. Aqui residem também figuras históricas, muito tempo depois de terem morrido e seus corpos físicos terem se desfeito em pó. Sem dúvida, estão aqui tanto Platão quanto Sócrates, e até Diotima, ainda que não tenhamos certeza absoluta de que existiu mesmo. Estão aqui santos e papas devassos, tiranos vis e Pequenas Vendedoras de Fósforos congelando na neve, heróis de sagas e famosas atrizes de cinema. Todos cuja realidade vem do simples fato de que prestamos atenção neles, pensamos neles, os tratamos como pontos de referência, deixamos que adentrem a casa de nossa vida interior. A maioria deles já não existe ou nunca existiu. Alguns de nós, contemporâneos, aqueles particularmente merecedores ou, pura e simplesmente, mais marcantes no quadro policromo do mundo, entrarão no País do Entre, sem que seja importante saber se ficarão ali devido a feitos ruins ou bons.

No País do Entre, mundos existem fora do tempo e do espaço, como se fossem suspensos além das esferas físicas, mas ao mesmo tempo estão sempre presentes. Vejamos o exemplo de Madame Bovary: ela é como um fotograma estático, mas logo que você olha em sua direção, ela se aciona automaticamente e começa a interpretar sua triste tragédia mais uma vez. É porque os personagens *querem* ser criados, querem ser narrados, querem existir. Tudo o que está em *metaxy* ambiciona a existência, mas do ponto de vista do País do Entre, a existência é um processo descontínuo, insular — ocorre quando o olhar atento do leitor extrai e cria um personagem do texto, colocando-o no contexto íntimo, singular e único de sua própria vida.

Sem dúvida, foi dali que chegaram no meu sonho os heróis do romance recém-terminado. O País do Entre, zona "como se", deve ser, de fato, a morada certa de todos os personagens literários que formam uma mistura de tipos, tempos míticos e históricos, motivações. Uns parecem mais nítidos e dominam os outros. Mas há também aqueles que mal se deixam vislumbrar, de contornos embaçados, reconhecíveis apenas por alguns. É certamente por aqui que se arrasta Dom Quixote em seu rocim, seguido pelo tagarela Sancho Pansa montado num burro, e na figura dupla de um asno e de um humano emerge Lúcio.* Eles permanecem aqui fora de nosso tempo e de nosso espaço, aparecendo de modo daimônico a um chamado claro da memória ou da palavra. É difícil determinar sua característica ontológica. Não são humanos, de fato, e também não podem ser deuses, sendo dolorosamente confinados à sua pequena existência e contando sempre a mesma história. Quando chamados, emergem diante de nós, e em seguida sofrem um quase esquecimento, podendo depois regressar em sua forma acabada. Não têm existência material, mas influenciam nosso pensamento e desse jeito,

---

* "Lúcio ou o asno", conto de autoria de Luciano de Samósata (*c.* 120-190), precursor da sátira social, em que o protagonista é transformado em um jumento. [N. T.]

indiretamente, impactam o mundo material. Não tenho a menor dúvida de que eles existem. Tenho a impressão de que situam sua realidade em alguma dobra do espaço-tempo, um bolsinho do ser, permanecendo sempre prontos para serem contatados e trazidos à tona.

Há um conto extraordinário de Ray Bradbury intitulado "Os exilados", cuja ação se passa em 2120. Um século antes — ou seja, *nota bene*, por volta de 2020 —, os homens abandonaram todas as fantasias e fantasmagorias, rendendo-se plenamente à ciência e ao senso comum e tornando-se, diríamos, muito literais. Foram censurados, destruídos e queimados todos os livros que pudessem envenenar mentes com histórias fantásticas de espíritos, bruxas, vampiros, acasos irracionais e aventuras maravilhosas. O mundo imaginário da literatura foi reduzido a cinzas. Todos os personagens dos livros, como seus autores, se esconderam em Marte, fundando um surpreendente país de imaginação formado por tramas de romances e contos. No entanto, a Terra envia para Marte uma expedição com o objetivo de destruir de uma vez por todas aquela colônia de irracionalidade. Ainda durante o voo, os pobres membros da tripulação composta de perfeitos exemplos do moderno *Homo sapiens* — "Seria de se esperar que houvesse chaves de latão numa lenta espiral nas suas costas. Eram brinquedos caros, talentosos e bem lubrificados, obedientes e rápidos"* — são acometidos por misteriosas doenças, indisposições, medos e, finalmente, morte. São os moradores de Marte que acionam à distância todas as suas armas: feitiços, ilusões e alucinações. Quem são os líderes da defesa civil do planeta contra os agressores? São escritores famosos que sempre revelaram intimidade com o estranho,

---

* Ray Bradbury, "Os exilados". In: *O homem ilustrado*. Trad. de Eric Novello. Rio de Janeiro: Biblioteca Azul, 2020. [N.T.]

como Bierce, Dickens ou Hawthorne. Mas o cérebro principal da operação é Poe:

> Passei esta noite chamando os outros ao longo de todo o mar morto. Seus amigos e os meus [...]. Estão todos aqui. *Os animais, as velhas* e os homens altos com dentes brancos afiados. As armadilhas aguardam; os fossos, sim, os pêndulos. A Morte Vermelha. [...] Nunca pensei... Não, nunca imaginei que chegaria a hora de algo como a Morte Vermelha realmente existir. Mas eles pediram isso, e eles a terão!*

Infelizmente, a mobilização se revela fraca, mal organizada e, no fundo, incapaz de defesa. O último livro aniquilado junto com seus personagens é *A Cidade das Esmeraldas de Oz*.

Bradbury parece entender perfeitamente as intuições de Platão e esboça de forma maravilhosa uma de várias possíveis versões do País do Entre em oposição a um mundo tecnicizado, ultrarracional, baseado no concreto, na literalidade e na lógica "isto ou aquilo", que tem uma enorme tendência para tratar tudo o que não cabe na grade conceitual já existente como superstição.

O oposto de *metaxy* é o literalismo.

O literalismo funciona em alguns níveis. No mais primitivo, o indivíduo se recusa a enxergar o mundo como algo complexo e ambíguo, devido à falta de atenção e instrução, ou talvez mesmo por causa de uma deficiência perceptiva. Ao mesmo tempo, ele recorre a certo pragmatismo instintivo — aquele que, na ideia corriqueira, costuma ser associado à figura do incrédulo Tomé. Mas o literal possui também uma forma

---

* Ibid. Grifo de O. T.

sofisticada, fundamentada na maioria dos casos no racionalismo, na metodologia científica e no chamado senso comum. E muitas vezes na estatística.

Meu pai me dizia que nos anos 1950, quando era jovem, foi visitar a família no campo e, sentado num banquinho em frente da casa, falou com o avô de sua noiva. Naquele tempo, todo mundo estava fascinado com o Sputnik, o primeiro satélite artificial lançado na órbita terrestre, que incendiava mentes e excitava a imaginação. Meu pai contava ao avô sobre aquele fenômeno, arrebatado com a enormidade do universo e o primeiro passo dado pela humanidade em sua direção, quando o idoso apagou seu ânimo com duas palavras: "Foi? Viu?".

Desde então, as perguntas brutalmente racionais do avô se tornaram um aforismo usado por nós com frequência não apenas para designar mera incredulidade, mas também para apagar quaisquer enlevos românticos demais, exaltações e devaneios. Nós as citamos com ironia, acreditando que nós mesmos sabemos guardar as devidas proporções. Meu bisavô, um artesão talentoso nascido ainda no século XIX, cuja recordação embaçada posteriormente eu tentei resgatar em um de meus romances sob a forma de um carpinteiro ensimesmado, construtor solitário de um enorme telhado de palácio, era um pragmatista nato. Seu racionalismo instintivo era capaz de questionar várias teorias antropológicas, de acordo com as quais o humano simples e primitivo vivia em um mundo de magia e mito ou de religiosidade popular, sucumbindo a toda espécie de tentações fantasmagóricas. O senso comum não é, com efeito, uma invenção dos ingleses setecentistas, mas constitui o fundamento de uma concepção natural ou instintiva do mundo, em que a sobrevivência depende, de fato, do jeitinho, da esperteza de observações sobre o que acontece ao redor e de dois pés bem plantados na terra.

No entanto, essa tendência a uma literalidade que restringe o pensamento vem se tornando uma doença grave de nossos tempos. Seu primeiro sintoma é a falta da capacidade de entender as metáforas, e depois a pauperização do sentido de humor. Ela envolve propensão a julgamentos peremptórios e precipitados, intolerância à ambiguidade, atrofia da sensibilidade à ironia e, finalmente, regresso ao dogmatismo e ao fundamentalismo. O literalismo não compreende literatura nem arte e faz com que a pessoa esteja sempre disposta a mover processo contra criadores, seja por crime contra o sentimento religioso, seja pela violação da dignidade e da honra. Em função de sua própria deficiência, um literalista cai, de fato, em uma desordem emocional, tornando-se incapaz de situar sua vivência em um contexto mais amplo e profundo.

O literalismo compromete a religião, tratando as verdades reveladas de forma unidimensional e ignorando seu caráter contextual e sua própria dependência tanto do tempo quanto da cultura. O literalismo destrói o sentido do belo e do significado, tornando impossível a criação de uma visão atenta e profunda do mundo. Seus maiores pecados são a intolerância e o tratamento de tudo o que se desvia de uma *norma*, aceita alguma vez em algum lugar, como moralmente ruim, pecaminosa, passível de condenação ou até punição. Por isso, o literalismo encerra horizontes. Fecha mentes humanas.

Um exemplo recente do literalismo são, entre outras, as lutas em torno do símbolo do arco-íris que estão ocorrendo na Polônia. Disputas que seriam até engraçadas, se em consequência delas não se pusessem pessoas na cadeia. O arco-íris foi despojado de seus vários significados e literalizado, perdendo seu estatuto como símbolo ou metáfora e transformando-se no emblema de tudo o que diverge de uma normalidade apreendida de modo distorcido. Foi considerado estandarte do inimigo e passou a ser odiado completamente a sério.

Uma pessoa que sofre do literalismo enxerga tudo separado, sem contextos nem relações, e, para a desgraça de si mesma e dos outros, perde o sentido da síntese, imprescindível para vivenciar o mundo de forma plena e multidimensional. Logo me vem à cabeça o poema *Moradores*, de Julian Tuwim:*

E eis que andam, bem abotoados,
Olham à direita, à esquerda olham,
E olhando tudo veem separado,
Casa... Estanislau... Cavalo... Folha...

Alguém que vê tudo isolado e não tem competência para síntese (científica, cultural, psicológica) procura montar o total por si mesmo, fazendo-o desajeitadamente. É dessas bricolagens com complexidade e sentidos que se origina a maioria das teorias da conspiração.

Os motivos do literalismo podem ser objetos de debate. Com certeza, ele é uma função racional de nossa mente que cresceu demasiadamente até sofrer inflação. Tendo evoluído enquanto capacidade sutil de reconhecer ciclos recorrentes, relações de causa e efeito, interdependências entre eventos remotos, transformou-se em um instrumento cego que reduz o mundo a uma série de mecanismos simples. Em vez de abrir a mente, acabou encerrando-a na literalidade. Talvez isso tenha a ver com a atrofia da participação na narração — naquela narração que é multidimensional, evita o óbvio, constitui um desafio intelectual e reflete a complexidade do mundo. Participar da narração não significa apenas religião ou mito, mas também ficções de fundação da cultura, histórias geracionais, comunitárias. Entretanto, a narrativa que sacia a comunidade

---

* Julian Tuwim (1894-1953), poeta polonês de origem judaica, um dos mais importantes autores do período entreguerras. [N.T.]

hoje é simples e tosca, feita na medida para servir a determinado fim político ou religioso. Talvez valha a pena examinar também a influência demoníaca de Hollywood com suas narrativas óbvias, esquemáticas e multiplicadas ad infinitum, comprovando sempre o que hão de comprovar.

Neste momento, caras senhoras e caros senhores, eu gostaria de voltar a meus personagens que vieram para o espetáculo onírico. Eu queria, portanto, regressar à literatura.

Eu penso que uma das paisagens mais importantes do País do Entre é, de fato, a literatura, e sobretudo a ficção, criada na literatura há milênios.

Somos seres pendurados entre a história e a ficção literária, permanecendo constantemente em uma espécie de suspensão ambivalente entre uma e outra. O observável, o real (o que quer que isso signifique hoje em dia) pertencem ao domínio da história e da ciência, enquanto o subjetivo (ainda que exija objetivação para ser comunicável), o emotivo, o secreto e oculto pertencem à ficção — e é aqui que se fincam todas as raízes do romance.

Prestem atenção, por favor, a um paradoxo. Às vezes, é a ficção que nessa distinção parece mais potente e com melhor estruturação interna, já que sua força vem da independência do observável, dos fatos. Por isso, para contar histórias devidamente, é preciso usar a ficção. Conhecemos vários exemplos dessa espécie da realidade de personagens literários, e sobretudo de seu impacto sobre pessoas reais — o mais sombrio pode ser Werther, personagem imaginado por Goethe, que motivou inúmeros suicídios de jovens românticos. Lendo, as pessoas não apenas se comparam com personagens criadas na mente de uma escritora ou um escritor, mas também acabam se identificando com eles e, em condições seguras de leitura, vivem vidas alheias, ao mesmo tempo que alteram as próprias vidas (um mecanismo semelhante em relação aos espectadores de uma tragédia foi descrito por Aristóteles como catarse). Os personagens literários são, portanto, *daimonia* que, sendo caixeiros-viajantes de uma realidade psíquica comum, transitando entre leitores, se tornam espelhos de suas projeções. Eles são fatores intermediários que universalizam nossa experiência individual e constroem a partir dela um conjunto partilhado de paisagens: o País do Entre, o País Tudo Pode Acontecer e o País Isso Já Foi. Eles nos permitem trocar vidas com outras pessoas e, desse modo, ampliar nossa própria consciência com coisas que nunca vivemos. Talvez a ficção desempenhe até uma função evolutiva através da adaptação a um mundo maior que nosso pequeno "eu" e seu ambiente conhecido e limitado.

A ficção literária tem também à sua disposição a ferramenta mais importante: ela dá sentido ao que nos acontece. Vários eventos, tudo o que nos afeta, sequência de acontecimentos, fatos, assuntos — eles só se tornam vivência quando lhes atribuímos sentido, colocando-os na rede de nossa vida, junto com nosso passado, história, significados. Nossa vida é composta de experiências e não de eventos. A ficção literária permite que construamos um sistema de referências para elas.

Há cem anos, Jung chamou a atenção para o fato de que todos funcionamos, de certa forma, em dois mundos ao mesmo tempo. Por um lado, vivemos em um mundo da percepção externa guiado por nossos sentidos, e por outro, constantemente nos referimos ao inconsciente, interno, vago, irracional, caótico. Ambos os espaços têm uma zona comum disponível a todos. Em primeiro lugar, é o mundo exterior diariamente reconciliado e criado pela mídia, negócios, viagens e toda a atividade externa do ser humano. Em segundo, o mundo interior formado por resíduos de memória coletiva, experiências, mitos, narrativas que remontam aos primórdios de nossa existência como espécie. Quem teve uma intuição parecida, e há muito tempo, foi Schiller. Ele defendia que só a arte era capaz de conectar esses dois mundos paralelos. O conceito do País do Entre, um Intramundo, é precisamente um espaço poderoso cujos recursos nutrem a arte. É aqui que emergem imagens, aqui nascem metáforas e símbolos com os quais o nosso interno se comunica com o nosso externo. Mas o País do Entre sobretudo reflete a complexidade multidimensional do mundo, protegendo-o da mente humana, que simplifica tudo.

Na tradição judaica se formou, há séculos, uma sofisticada cultura de interpretação. Quatro métodos clássicos da compreensão e exegese do texto sagrado estão contidos no acrônimo PaRDeS:

1) *pshat*, ou seja, "sentido simples", se refere ao significado literal e à interpretação filológica; pode-se presumir que este nível de interpretação responde à pergunta: "O quê?";

2) *remez* — sentido alegórico ou simbólico, oculto bem atrás do literal; é uma interpretação através da referência a outros textos; o sentido filosófico é determinado por meio da especulação intelectual;

3) *drash*, a partir do verbo hebraico *darash* ("procurar") — sentido encontrado através de analogia; uma interpretação tipológica situada sempre em contexto de outros textos, bem como um sentido moralizante, relacionado com valores;

4) *sod* — sentido místico, exotérico, acessível apenas por meio de conhecimento intuitivo ou revelação.

Vale a pena lembrar também quatro sentidos da Bíblia na exegese cristã, resumidos no dístico mnemotécnico: *Littera gesta docet, quid credas allegoria,/Moralis quid agas, quo tendas anagogia*, quer dizer, "A letra ensina o que aconteceu; a alegoria, o que deves crer; a moral, o que deves fazer; a anagogia, para onde deves tender".

A percepção de vários estratos de sentidos nos protege da doença do literalismo, dogmatismo e fanatismo. O processo da conscientização é sempre um processo civilizatório. Quando alguém está preparado para vários níveis de interpretação do texto e do mundo, ou melhor, do texto-mundo, seu olhar atravessa os "fatos" e enxerga algo que, se continuasse sequestrado pelos mesmos "fatos", permaneceria invisível. Vê uma ordem completamente diversa, um sentido que antes era imperceptível, dado que esta nova ordem existe em uma conjugação maravilhosa com a totalidade do mundo, fazendo parte dele.

Assim, enxergam-se relações e sincronicidades, percebem-se semelhanças e simetrias. A imaginação evoca metáforas que jazem nas fissuras de nossa vida comum, muito "real" e pragmática, tornando-a, a partir dali, mais significativa. Nosso "eu" cresce, se enraíza na riqueza incomensurável da tradição e do mito, e ao mesmo tempo arranca para a frente, para regiões ainda completamente desconhecidas.

O mundo de metáforas, fundamentado em mitos e tradições, se torna, na essência, um solo comum para nós, singulares e isolados — é algo que nos une.

A imagem que estou construindo se revela, no fundo, vegetal. É como a visão de uma floresta que costumamos enxergar enquanto conjunto de árvores individuais que crescem em determinada área, embora ela seja, de fato, um enorme e poderoso organismo, uma comunidade de seres ligados uns aos outros por laços de intimidade e aliança, uma totalidade que se comunica de forma extremamente eficaz e muito melhor do que nos parecia até agora.

O País do Entre pode ser visto como um contrapeso para o literal, em prol do metafórico. Como uma mudança da pergunta literal: "o quê?", para uma pergunta que pressupõe uma resposta complexa: "qual é o significado daquilo?".

Ao mesmo tempo, temos que cuidar com muito zelo para não perdermos de vista os contornos materiais e reais de nosso mundo, sobretudo na situação em que enfrentamos hordas de falsidade, pós-verdades e teorias da conspiração. Ao mesmo tempo, temos que cultivar com muito cuidado o País do Entre, cheio de seivas vitalizadoras, de onde viemos e onde nos encontramos de modo perfeitamente real, sem fronteiras, passaportes, idiomas.

O narrador sensível

Discurso do Prêmio Nobel de Literatura

I.

A primeira fotografia da qual eu tenho conhecimento é uma imagem de minha mãe ainda antes de eu nascer. Infelizmente, a imagem é em preto e branco e muitos pormenores se perdem, convertendo-se em formas acinzentadas. A luz é suave e úmida, acho que de primavera, e deve se filtrar pela janela, de modo que o quarto mantém um brilho mal percebido. Minha mãe está sentada junto a um rádio antigo, daqueles que tinham um olho verde e dois botões: um para ajustar o volume, outro para encontrar a estação. Esse rádio passou a ser depois o meu companheiro de infância e foi a partir dele que eu tive notícia da existência do universo. O movimento giratório do botão alterava o aparato sensorial das antenas que captavam diversas emissoras: Varsóvia, Londres, Luxemburgo ou Paris. Às vezes, porém, o som se extinguia, como se, entre Praga e Nova York, Moscou e Madri, as antenas encontrassem buracos negros inesperados. Naqueles momentos eu ficava arrepiada. Acreditava que através daquele rádio outros sistemas solares e galáxias falavam para mim, mandando mensagens no meio de estalos e ruídos, e eu não sabia decodificá-las.

Examinando aquela foto como uma menina, ficava convencida de que minha mãe me procurava girando o botão do rádio. Como um radar sensível, ela penetrava os espaços infinitos do universo, tentando saber quando e de onde eu viria. O seu penteado e a roupa (um decote profundo) indicam quando a foto foi tirada — foi no início dos anos 1960. Uma mulher um pouco curvada olha para além do quadro e vê algo que está fora do alcance de quem examina a imagem. Quando eu era criança, achava que ela olhava para o tempo. Nessa foto nada acontece, é registro de um estado, não de um processo. A mulher está triste, pensativa, meio ausente.

Mais tarde, quando perguntava a minha mãe sobre aquela tristeza — e fiz isso várias vezes para ouvir sempre o mesmo —, ela respondia que estava triste porque eu ainda não havia nascido, mas ela já tinha saudades de mim.

— Como você podia ter saudades de mim, se eu ainda não existia? — eu perguntava.

Eu já sabia que se podia ter saudades de alguém que se perdeu, que a saudade era efeito da perda.

— Mas também pode ser o contrário — respondia ela. — Se você tem saudade de alguém, essa pessoa já existe.

Essa breve conversa, que ocorreu em uma província do oeste da Polônia no final dos anos 1960, uma conversa entre minha mãe e mim, sua filha pequena, ficou gravada para sempre na minha memória e constituiu uma reserva de força para a vida inteira. Ela projetou minha existência para além da materialidade comum do mundo e da casualidade, além da causa e efeito e das leis da probabilidade. Ela a colocou, de certa forma, fora do tempo, em uma doce proximidade do eterno. Entendi, com minha mente infantil, que eu era mais do que tinha imaginado. E mesmo que eu dissesse: "estou ausente", em primeiro lugar se encontra "estou" — a palavra mais importante e mais estranha do mundo.

Desse modo, uma jovem não religiosa, minha mãe, me deu algo que antigamente se chamava alma, dotando-me, assim, da narrativa mais sensível do mundo.

2.

O mundo é um tecido que urdimos a cada dia com enormes teares de informações, discussões, filmes, livros, fofocas, histórias. Hoje, o alcance desses teares é gigantesco. Através da internet, quase todos podem participar desse processo, de forma responsável e irresponsável, com amor e com ódio, para o bem e para o mal, para a vida e para a morte. Quando a narrativa muda, o mundo muda também. Nesse sentido, o mundo é feito de palavras.

A maneira como pensamos o mundo e — o que parece mais significativo — como o narramos tem, portanto, enorme importância. Algo que acontece, mas não é contado, deixa de existir e morre. Quem sabe muito bem disso são não apenas historiadores, mas também (ou sobretudo) todos os tipos de políticos e tiranos. Quem tiver uma história e souber narrá-la, estará no poder.

Hoje, parece que o problema consiste no fato de que ainda não temos narrativas prontas, não só no que diz respeito ao futuro, mas também no que concerne ao "agora" concreto, às mudanças velozes do mundo atual. Falta-nos linguagem, faltam pontos de vista, metáforas, mitos e novas fábulas. Somos testemunhas, porém, de como as narrativas antigas, inadequadas, enferrujadas e anacrônicas são introduzidas à força em uma visão do futuro, talvez partindo do princípio de que algo antigo é melhor do que um nada novo, ou procurando dessa forma lidar com a limitação dos seus próprios horizontes. Em poucas palavras: faltam-nos novas maneiras de narrar o mundo.

Vivemos em uma realidade multivocal de *narrativas em primeira pessoa* e estamos expostos a ruídos polifônicos vindo de todos os lados. Quando falo dos relatos "em primeira pessoa", refiro-me a um tipo de narração que circunda o "eu" do criador que escreve, de forma mais ou menos direta, sobre si e através de si mesmo. Determinamos que essa espécie de ponto de vista individualizado, uma voz a partir do "eu", era o mais natural, humano, honesto, mesmo que abrisse mão de uma perspectiva mais ampla. Nesse sentido, contar algo em primeira pessoa significa tecer um padrão absolutamente irrepetível e único, ter como indivíduo uma sensação de autonomia, estar consciente de si e da sua sorte. Mas isso significa também estabelecer uma oposição entre o "eu" e o mundo, que, às vezes, leva à alienação.

Penso que a narração conduzida em primeira pessoa é muito característica da visão contemporânea em que o indivíduo funciona como um centro subjetivo do mundo. A civilização ocidental é construída e sustentada, em grande parte, com base na descoberta do "eu", que constitui uma das medidas mais importantes da realidade. Aqui, o ser humano é o ator principal e o seu julgamento, ainda que não seja único, é tratado sempre com atenção e seriedade. A narrativa em primeira pessoa parece uma das maiores descobertas da civilização humana, sendo lida com veneração e confiança. Esse tipo de relato, em que vemos o mundo pelos olhos de um "eu" e ouvimos tudo em seu nome, estabelece, mais do que qualquer outro, um vínculo com o narrador e obriga a adotar sua posição única.

Não se pode desdenhar o que a narração em primeira pessoa fez para a literatura e para a humanidade em geral. Ela transformou o relato sobre o mundo, enquanto espaço de ação de heróis e divindades que estão fora da nossa influência, na nossa história individual, cedendo o palco a pessoas iguais a nós. Ademais, dado que é fácil identificar-se com alguém igual a nós, entre o narrador e o leitor ou ouvinte nasce um entendimento emocional baseado na empatia. Esta, por sua vez, naturalmente aproxima e apaga fronteiras. Em um romance, é muito fácil anular os limites entre o "eu" do narrador e o "eu" do leitor. Uma narrativa "cativante" pretende mesmo que essa fronteira seja suprimida e anulada, de modo que o leitor, graças à empatia, se torne por um tempo o narrador. A literatura se transformou, portanto, em um campo de troca de experiências, uma ágora, onde cada pessoa pode contar a história da sua vida ou dar voz a um alter ego. É um espaço democrático porque cada um pode se exprimir, cada um pode também criar "uma voz que fala". Acho que nunca na história humana tantas pessoas se ocuparam da escrita e da narração. Basta olhar para qualquer estatística.

Quando visito feiras do livro, vejo quantas obras publicadas tratam precisamente disso: o "eu" autoral. O instinto da expressão — que talvez seja tão forte quanto outros instintos que determinam nossa vida — se manifesta de modo mais completo na arte. Queremos ser reconhecidos, queremos nos sentir especiais. As narrações do tipo "vou contar a minha história para você", "vou contar para você a história da minha família", ou "vou contar para você onde estive" são hoje os gêneros literários mais populares. É um fenômeno em grande escala, também porque hoje quase todo mundo sabe escrever e muitos adquirem a capacidade, antes reservada a poucos, de expressar-se com palavra e narração. Paradoxalmente, porém, tudo isso parece um coro composto só de solistas: as vozes se sobrepõem, lutam pela atenção, percorrem os mesmos caminhos, acabando por abafar umas às outras. Sabemos tudo sobre eles, somos capazes de nos identificar com eles e viver sua vida como se fosse a nossa. Apesar disso, é com uma frequência surpreendente que a experiência de leitura se revela incompleta ou decepcionante porque descobrimos que a expressão do "eu" autoral não é garantia da universalidade. O que parece nos faltar é uma dimensão parabólica do relato. O protagonista de uma parábola é, de fato, ele mesmo, um indivíduo que vive em determinadas circunstâncias históricas ou geográficas, mas ao mesmo tempo ultrapassa o concreto, tornando-se Todo Homem e De Toda Parte. Acompanhando um personagem cuja história é contada em um romance, o leitor pode se identificar com as peripécias e considerar a situação como se fosse dele mesmo, enquanto em uma parábola ele tem que abandonar completamente a sua individualidade, transformando-se naquele Todo Homem. Nesse artifício, exigente do ponto de vista psicológico, a parábola, ao encontrar um denominador comum para vários destinos individuais, universaliza nossa experiência. A sua presença insuficiente é uma prova da impotência.

Talvez, para não nos afogarmos em uma infinidade de títulos e nomes, tenhamos começado a dividir o enorme leviatã literário em *gêneros* que tratamos como disciplinas esportivas, enxergando escritores e escritoras como atletas especializados.

A comercialização geral do mercado literário resultou em uma divisão por ramos: agora se organizam feiras e festivais do livro deste ou daquele tipo, completamente separados, criando uma clientela composta de leitores que se fecham no romance policial, fantasia ou ficção científica. Uma particularidade dessa situação é que aquilo que não passaria de uma ajuda aos livreiros e bibliotecários na ordenação da multidão de livros publicados e aos leitores na orientação do tamanho da oferta se transformou em um conjunto de categorias abstratas, nas quais já não se encaixam apenas obras existentes, mas conforme as quais os próprios autores começam a escrever. É cada vez mais frequente que um gênero funcione como uma fôrma para bolo que produz resultados muito parecidos, cuja previsibilidade é considerada uma virtude e cuja banalidade é percebida como uma conquista. O leitor sabe o que deve esperar e recebe precisamente aquilo que queria.

Intuitivamente, sempre me coloquei contra ordens desse tipo, já que elas levam à limitação da liberdade do escritor e à relutância à experimentação e à transgressão, que são características essenciais para a criação em geral. E essas ordens excluem por completo do processo criativo qualquer excentricidade, sem a qual não existe arte. Um bom livro não precisa declarar sua filiação de gênero. A divisão em gêneros é resultado da comercialização de toda a literatura e efeito do tratamento dela como produto vendável, junto com toda a filosofia de marca, público-alvo e outras invenções do capitalismo contemporâneo.

Hoje, podemos ter a enorme satisfação de testemunhar a emergência de uma nova maneira de narrar o mundo. Falo das séries de televisão, cujo objetivo tácito é nos levar a um transe epistemológico. É claro que esse modo narrativo existia já nos mitos e nos relatos homéricos, sendo Hércules, Aquiles ou Ulisses os nossos primeiros protagonistas de séries. Todavia, ele nunca antes conquistou tanto espaço nem exerceu uma influência tão significativa no imaginário coletivo. As primeiras décadas do século XXI pertencem, com certeza, às séries. O seu impacto sobre as maneiras de narrar (e por isso também de entender) o mundo é revolucionário.

Na sua forma atual, a série não apenas estendeu a participação da narração no tempo, gerando novas cadências, ramificações e aspectos dele, mas também introduziu nele novas ordens. Uma vez que o seu objetivo é, em muitos casos, manter a atenção do espectador pelo maior tempo possível, a narração de uma série multiplica tramas, entrelaçando-as de formas tão improváveis que, diante da sua própria impotência, recorre até a um velho artifício narrativo, ridicularizado antigamente pela ópera clássica: deus ex machina. Inventando episódios, muitas vezes se altera a psicologia inteira do personagem ad hoc para que ela corresponda melhor aos acontecimentos que vão surgindo. Alguém que no início é gentil e reservado acaba por se tornar vingativo e violento, um personagem secundário passa a ocupar o primeiro plano, e um protagonista a quem ficamos afeiçoados perde importância ou até desaparece, causando grande consternação.

A possível continuação na próxima temporada implica a necessidade de finais abertos em que não há como aparecer e se exprimir plenamente aquela misteriosa catarse, experiência de uma alteração interior, realização individual, satisfação com a participação no ato de narrar. Esse tipo de complicação e inacabamento, um constante adiamento da recompensa representada pela catarse, vicia e hipnotiza. *Fabula interrupta*, inventada há muito tempo e conhecida dos relatos de Sherazade, voltou em grande estilo nas séries, mudando nossa sensibilidade e produzindo efeitos psicológicos mais estranhos ao nos afastar da nossa vida e nos hipnotizar como droga. Ao mesmo tempo, a série se inscreve no novo ritmo do mundo, prolixo e desordenado, na sua comunicação caótica, sua instabilidade e fluidez. É um formato narrativo que, hoje, parece procurar uma nova fórmula de maneira mais criativa. Nesse sentido, é nas séries que se realiza um trabalho sério sobre as narrativas do futuro, a adequação do relato a uma nova realidade.

Vivemos, porém, sobretudo em um mundo marcado por um excesso de informações contraditórias, mutuamente exclusivas, que lutam entre si com garras e dentes.

Nossos antepassados acreditavam que o acesso à informação traria às pessoas não apenas felicidade, prosperidade, saúde e riqueza, mas também criaria uma sociedade igualitária e justa. Segundo eles, o que faltava ao mundo era uma sabedoria universal decorrente do conhecimento.

Jan Ámos Komenský, um grande pedagogo do século XVII, cunhou o termo "pansofia", que abrangia ideias sobre uma potencial onisciência, conhecimento universal em que cabia toda a cognição possível. Ao mesmo tempo, e sobretudo, era o sonho de um conhecimento disponível a todos. O acesso à informação sobre o mundo não transformaria um camponês iletrado em um indivíduo reflexivo, consciente de si mesmo e do mundo? O conhecimento ao alcance da mão não faria os homens se tornarem prudentes e conduzirem sua vida com sabedoria?

Quando surgiu a internet, parecia que aquelas ideias poderiam se concretizar por completo. A Wikipédia, que eu admiro e apoio, poderia parecer para Komenský e outros pensadores da mesma vertente como a realização de um sonhos para a humanidade: aqui criamos e recebemos um enorme depósito de conhecimento, constantemente aumentado, atualizado e disponibilizado democraticamente em qualquer lugar no mundo.

Os sonhos realizados muitas vezes nos decepcionam. Acontece que não somos capazes de arcar com essa magnitude da informação que em vez de unir, generalizar e libertar acaba por diferenciar, dividir, fechar em bolhas, criar várias narrativas contraditórias ou até mutuamente hostis, antagonistas.

Ademais, a internet se sujeitou de modo completamente irrefletido aos processos de mercantilização, e entregue aos jogadores-monopolistas, controla uma quantidade gigantesca de dados que são empregados de forma nada "pansófica" — ou seja, em prol do acesso amplo ao conhecimento —, mas, pelo contrário, servem sobretudo para programar comportamentos dos usuários, como soubemos depois do escândalo da Cambridge Analytica. Em vez de ouvirmos a harmonia do mundo, ouvimos uma cacofonia, um barulho insuportável em que tentamos desesperadamente escutar uma melodia, por mais silenciosa que seja, um ritmo, mesmo que baixinho. A paráfrase de um trecho shakespeariano combina, como nunca antes, com essa realidade cacofônica: a internet é cada vez mais uma história contada por um idiota, cheia de som e de fúria.

As pesquisas dos cientistas políticos também contestam as intuições de Jan Ámos Komenský, baseadas na convicção de que quanto mais conhecimento universalmente acessível no mundo, mais os políticos empregariam a razão e tomariam decisões sensatas. Tudo indica que isso não é tão simples. O conhecimento pode sobrepesar e sua complexidade e ambiguidade levam ao desenvolvimento de vários tipos de mecanismos de defesa, desde a negação e a repressão até a fuga para as regras fáceis de um pensamento simplificador, ideológico, partidário.

A categoria de fake news impõe novas perguntas sobre o que é ficção. Os leitores que se deixam enganar, desinformar ou iludir várias vezes vão adquirindo uma neurose idiossincrática. Uma reação a esse cansaço da ficção talvez seja o enorme sucesso da literatura de não ficção, que nesse grande caos da informação grita sobre nossas cabeças: "conto a verdade, só a verdade", "o meu relato é baseado em fatos!".

A ficção perdeu a confiança dos leitores desde que a mentira, mesmo que continuasse a ser uma ferramenta primitiva, se tornou uma arma perigosa de destruição em massa. É com demasiada frequência que me deparo com uma pergunta cheia de desconfiança: "Isso que você escreveu é verdade?". Sempre tenho a impressão de que é um prenúncio do fim da literatura.

Essa pergunta, inocente do ponto de vista do leitor, parece apocalíptica para os ouvidos do escritor. O que eu posso responder? Como explicar a condição ontológica de Hans Castorp, de Anna Kariênina ou do Ursinho Pooh?

Eu considero esse tipo de curiosidade dos leitores um retrocesso civilizatório. É uma deficiência da capacidade de participar, em vários níveis (concreto, histórico, mas também simbólico e mítico), da cadeia de acontecimentos chamada nossa vida. A vida é formada por eventos, mas só quando sabemos interpretá-los, tentamos entendê-los e lhes dar sentido eles se tornam experiência. Os acontecimentos são fatos, mas a experiência é algo inefavelmente diverso. É ela, e não o evento, que constitui a matéria da nossa vida. A experiência é um fato sujeito à interpretação e guardado na memória. Ela se refere também a uma base que temos na nossa mente, a uma estrutura profunda dos significados, em que conseguimos estender a nossa vida e examiná-la com cuidado. Acredito que o papel desta estrutura é desempenhado pelo mito. O mito, como se sabe, nunca aconteceu, mas acontece sempre. Hoje, já não só atua por meio das aventuras dos heróis antigos, mas também penetra nas narrativas onipresentes e popularíssimas do cinema, jogos e literatura contemporâneos. A vida dos habitantes do Olimpo se mudou para *Dinastia*, enquanto as proezas dos heróis são executadas por Lara Croft.

No meio dessa divisão calorosa entre a verdade e a ficção, o relato da nossa experiência, formado pela literatura, assume uma dimensão própria.

Nunca me entusiasmei particularmente com uma distinção simples entre *ficção* e *não ficção*, a não ser que as consideremos apenas declarativas e arbitrárias. No mar de várias definições da ficção, gosto mais daquela que é também a mais antiga e vem de Aristóteles: *A ficção é sempre uma forma da verdade.*

Estou convencida também da distinção entre história e enredo* feita pelo escritor e ensaísta Edward Morgan Forster. Ele defende que quando dizemos: "o marido morreu, e depois morreu a esposa" — é uma história. Porém, quando dizemos: "o marido morreu, e depois a esposa morreu de desgosto" — é um enredo. Toda ficcionalização consiste na transição da pergunta "e depois?" para uma tentativa de compreensão baseada na nossa experiência humana: "por que isso aconteceu?".

---

* E. M. Forster, *Aspectos do romance*. Trad. de Sergio Alcides. São Paulo: Globo, 2005. [N.T.]

A literatura começa com aquele "por quê?", mesmo que tenhamos que responder a esta pergunta sempre com um simples: "não sei".

Portanto, a literatura apresenta questões que não podem ser respondidas com a ajuda da Wikipédia, já que ultrapassa meros fatos e eventos, recorrendo imediatamente à nossa experiência.

É possível, porém, que o romance e a literatura em geral estejam se transformando, diante dos nossos olhos, em algo bastante marginal em relação a outros modos de narração. Que, devido a seu impacto, a imagem e as novas formas da transmissão imediata da experiência — filme, fotografia, realidade virtual e realidade aumentada — passem a constituir uma alternativa séria à leitura tradicional. A leitura é um processo psicológico de percepção bastante complexo. Simplificando: primeiro um conteúdo extremamente elusivo é conceitualizado e verbalizado, transformado em signos e símbolos, e depois "decodificado" de volta da linguagem para a experiência. Isso exige certa competência intelectual, mas sobretudo exige atenção e concentração, habilidades cada vez mais raras hoje, em um mundo caracterizado pela extrema distração.

A humanidade percorreu um longo caminho no que diz respeito à transmissão e à partilha da experiência individual, desde a oralidade, dependente da palavra viva e da memória humana, até a revolução de Gutenberg, quando a narrativa passou a ser mediada universalmente pela escrita, perpetuada, codificada e suscetível de reprodução sem alterações. A maior conquista dessa jornada foi o momento em que identificamos o próprio pensamento com a escrita, ou seja, um modo concreto de utilização de ideias, categorias ou símbolos. Hoje, claro, estamos perante uma revolução com implicações semelhantes, quando a experiência pode ser transmitida diretamente, sem a ajuda da palavra impressa.

Já não é preciso escrever um diário de viagem, quando através das mídias sociais se pode tirar e enviar fotografias para o mundo inteiro, imediatamente e para qualquer pessoa. Não é preciso escrever uma carta, quando mais fácil é ligar. Para que ler romances volumosos, quando se pode mergulhar em uma série? Em vez de sair de casa para se divertir com amigos, é melhor jogar videogame. Ler uma autobiografia? Não faz sentido, já que acompanho a vida das celebridades no Instagram e sei tudo sobre elas. Gravo aulas em vez de tomar notas.

O maior inimigo do texto já não é a imagem, como pensávamos no século XX, preocupados com o impacto do cinema e da televisão. É, na realidade, uma dimensão completamente diferente da experiência do mundo, que afeta diretamente os nossos sentidos.

3.

Não pretendo esboçar aqui nenhuma visão totalizante da crise do romance. Muitas vezes, porém, fico aflita ao sentir que no mundo há uma falta. Que sendo vivenciado pelas telas ou aplicativos, ele se torna meio irreal, distante, bidimensional, estranhamente indefinido, embora se possa alcançar qualquer informação com surpreendente facilidade. Hoje, o enfadonho "alguém", "algo", "algum lugar", "algum tempo" pode ser mais perigoso do que ideias proferidas com certeza absoluta, muito concretas e definidas: a Terra é plana, as vacinas matam, o aquecimento global é uma bobagem, e a democracia em muitos países não está sob ameaça. Em "algum lugar" morrem afogadas "algumas" pessoas que tentam atravessar um mar. Em "algum lugar", há "algum tempo", ocorre "alguma" guerra. Devido à sobrecarga de informações, as mensagens individuais perdem seus contornos, desvanecem-se na nossa memória, tornam-se irreais e desaparecem.

O fluxo de imagens de violência, estupidez, crueldade e discurso de ódio é desesperadamente contrabalanceado por toda espécie de "boas notícias", mas elas não são capazes de abafar uma sensação perturbadora que é difícil até de verbalizar: tem alguma coisa errada com o mundo. Esse sentimento, antigamente reservado apenas aos poetas neuróticos, hoje se torna uma epidemia da indefinibilidade, uma angústia que escorre de toda parte.

A literatura é um dos poucos domínios que tenta nos manter perto da concretude do mundo, porque ela é sempre "psicológica" por natureza. Ela se concentra, de fato, nas razões e nos motivos internos dos personagens, revela sua experiência de um modo que não seria acessível de outra forma, ou simplesmente induz o leitor a fazer uma interpretação psicológica do seu comportamento. Apenas a literatura é capaz de nos possibilitar entrar profundamente na vida de outro ser, entender suas razões, partilhar seus sentimentos, viver sua história.

A narrativa sempre circunda o sentido. Mesmo que não declare isso de modo direto, mesmo que rejeite programaticamente qualquer busca de sentido, concentrando-se na forma ou no experimento, mesmo que faça uma reviravolta formal, procurando novos meios de expressão. Ao ler um romance, por mais behaviorista e despojado que seja seu estilo, não podemos nos abster de perguntar: "por que isso acontece?", "o que isso significa?", "qual é o sentido disso?", "aonde isso leva?". É até possível que a nossa mente tenha evoluído para o romance enquanto um processo da atribuição de sentido a milhões de estímulos que nos cercam, e mesmo durante o sono ela continua produzindo suas narrativas de modo constante e incansável. A narrativa é, portanto, um modo de ordenar no tempo uma quantidade infinita de informações, determinar suas relações com o passado, o presente e o futuro, descobrir sua recorrência e ordená-la em categorias de causa e efeito. Participam dessa tarefa tanto a razão quanto as emoções.

Não surpreende que uma das primeiras descobertas feita pelas narrativas tenha sido o destino, que apesar de se apresentar aos homens sempre como terrível e desumano, introduziu ordem e constância na realidade.

4.

Prezadas senhoras e senhores, a mulher da fotografia, minha mãe, que tinha saudades de mim, embora eu ainda não existisse, alguns anos mais tarde leu fábulas para mim.

Em uma delas, de autoria de Hans Christian Andersen, um bule de chá jogado no lixo se queixava de que fora tratado de modo cruel pelos homens — foi descartado quando sua asa se quebrou. Mas ele podia ainda lhes ser útil, não fossem tão perfeccionistas e exigentes. Outros artefatos estragados o acompanhavam, contando histórias verdadeiramente épicas de suas pequenas vidas de objeto.

Quando eu era criança, escutava aquela fábula com o rosto afogueado e lágrimas nos olhos, porque tinha profunda convicção de que os objetos tinham seus problemas, sentimentos e até uma vida social bastante comparável com a nossa, humana. Os pratos no armário podiam conversar entre si, os talheres na gaveta constituíam uma espécie de família. Da mesma forma, os animais eram seres misteriosos, sábios e dotados de consciência, com os quais mantivemos desde sempre um vínculo espiritual e uma grande semelhança. Mas os rios, as florestas, as estradas também tinham o seu ser — eram entes vivos que mapeavam nosso espaço e criavam a sensação de pertencimento, um misterioso *Raumgeist*. Era viva a paisagem que nos cercava, e o sol, e a lua, e todos os astros. Todo o mundo visível e invisível.

Quando comecei a duvidar disso? Procuro na minha vida um momento em que, como se fosse obra de um clique, tudo se alterou, ficou menos nuançado, mais simples. O burburinho do mundo se calou, sendo substituído pelo barulho da cidade, murmúrio dos computadores, trovão dos aviões que passam sobre a cabeça e pelo enfadonho ruído branco dos oceanos de informação.

A partir de certo momento na nossa vida, começamos a enxergar o mundo de forma fragmentada, tudo separado, em pedaços afastados uns dos outros como galáxias. A realidade em que vivemos nos assegura disso: os médicos nos tratam de acordo com sua especialização, os impostos não têm nada a ver com a remoção da neve na estrada que usamos para chegar ao trabalho, o almoço não se conecta às enormes explorações avícolas e pecuárias, e camisetas não têm nenhuma ligação com fábricas miseráveis em algum lugar na Ásia. Tudo é separado, vive isolado, sem nexo.

Para suportarmos tudo com mais facilidade, recebemos números, crachás, cartões, identidades toscas, feitas de plástico, que procuram nos reduzir a usuários de uma partícula isolada de um todo que já deixamos de enxergar.

O mundo morre e nós já nem sequer reparamos nisso. Não vemos que ele vai se tornando um conjunto de objetos e eventos, um espaço morto onde circulamos sozinhos e perdidos, à mercê de decisões alheias, escravizados por um fado inescrutável, por uma sensação de sermos um brinquedo das grandes forças da história ou do acaso. Nossa espiritualidade desaparece ou se torna superficial e ritualística. Ou apenas passamos a crer nas forças simples, físicas, sociais e econômicas, que determinam o nosso movimento como se fôssemos zumbis. E neste mundo realmente somos zumbis.

Por isso tenho saudade do mundo do bule de chá.

5.

Sempre fui fascinada pelas redes de relações e influências mútuas de que geralmente não temos consciência, mas que descobrimos por acaso como coincidências surpreendentes, convergências do destino, todas aquelas pontes, parafusos, soldas e conectores que estudei em *Correntes*. Sou fascinada pela associação de fatos, pela busca de ordem. No fundo, acredito que a mente de um escritor é uma mente sintética que insiste em recolher todas as migalhas, procurando grudá-las de novo em um universo de totalidade.

Como escrever, como construir sua narrativa de modo que possa carregar aquela enorme forma do mundo como constelação?

É óbvio que tenho consciência da impossibilidade de retornar à narrativa sobre o mundo que conhecemos dos mitos, das fábulas e das lendas que, transmitidas boca a boca, respaldavam a existência de tudo. Hoje, aquela narrativa teria que ter muito mais dimensões e complexidade. Sabemos, de fato, muito mais, conhecemos ligações incríveis entre coisas aparentemente afastadas.

Vejamos um certo momento na história do mundo.

Hoje é 3 de agosto de 1492, dia em que do porto de Palos, na Espanha, zarpa uma modesta caravela chamada *Santa María*. O seu capitão é Cristóvão Colombo. Faz sol, os marinheiros ainda andam pelo cais e os estivadores carregam as últimas caixas de provisões para a embarcação. Está quente, mas uma brisa que sopra do oeste salva do desmaio as famílias que se despedem. As gaivotas passeiam solenemente pelo deque, acompanhando com atenção as ações humanas.

Esse momento, para o qual olhamos agora através do tempo, resultaria em morte de 56 milhões dos quase 60 milhões de indígenas americanos. A sua população correspondia então a cerca de 10% de toda a população humana na Terra. Inconscientemente, os europeus levaram presentes mortíferos: doenças e bactérias às quais os habitantes nativos da América não tinham resistência. Somaram-se ainda a escravidão e os massacres impiedosos. O extermínio continuou durante anos e alterou a natureza da terra. Onde antes crescera feijão e milho, batatas e tomates, nos campos irrigados de maneira sofisticada, a vegetação selvagem retornou. Com o tempo, quase 60 milhões de hectares da terra cultivada se tornou mato.

Regenerando-se, a vegetação absorveu enormes quantidades de dióxido de carbono, o que levou ao enfraquecimento do efeito estufa. Isso, por sua vez, diminuiu a temperatura na Terra.

É uma das várias hipóteses científicas que explicam a chegada à Europa da da pequena era glacial, que no final do século XVI causou um resfriamento prolongado do clima.

A pequena era glacial alterou a economia europeia. Durante as décadas seguintes, os invernos gélidos e longos, os verões frios e as precipitações intensas diminuíram a eficiência das formas tradicionais de agricultura. Na Europa Ocidental, as pequenas terras agrícolas familiares que produziam alimento para consumo próprio se revelaram ineficientes. Houve ondas de fome e surgiu a necessidade de produção especializada. Inglaterra e Holanda, os locais mais afetados pelo resfriamento, não podendo vincular sua economia à agricultura, começaram a desenvolver comércio e indústria. O risco de tempestades levou os holandeses a secar os poços e transformar terrenos alagáveis e zonas marítimas rasas em terra firme. O deslocamento da área de distribuição de bacalhau para o sul, catastrófico para a Escandinávia, foi favorável para a Inglaterra e a Holanda, permitindo que se tornassem potências marítimas e comerciais. O resfriamento significativo acometeu particularmente os países escandinavos. Perdeu-se o contato com a verde Groenlândia e a Islândia, os invernos severos diminuíram as colheitas e começaram anos de fome e carência. A Suécia voltou seu olhar ávido para o sul, travando guerras contra a Polônia (sobretudo porque o Báltico congelou, facilitando a travessia do exército) e se envolvendo na Guerra dos Trinta Anos na Europa.

Os esforços dos cientistas que procuram entender melhor a nossa realidade mostram que ela é uma rede de influências coesa e densamente entrelaçada. Já não é apenas o famoso efeito borboleta, que, como sabemos, postula que alterações mínimas nas condições iniciais de um processo podem ter, no futuro, consequências colossais e imprevisíveis. É também um número infinito de borboletas com suas asas em constante movimento. Uma onda potente de vida que atravessa o tempo.

A descoberta do efeito borboleta encerra, a meu ver, a época da crença inabalável do ser humano na sua própria força, sua capacidade de controle, bem como sua sensação de supremacia no mundo. Isso não o despoja do seu poder enquanto construtor, conquistador e inventor, mas evidencia que a realidade é mais complexa do que ele poderia ter jamais imaginado. E que ele é apenas uma parte ínfima daqueles processos.

Temos cada vez mais provas de que existem conexões espetaculares e, às vezes, muito surpreendentes em escala global. Estamos todos — nós, plantas, animais, objetos — imersos no mesmo espaço regido pelas leis da física. Esse espaço comum tem seu formato, no qual essas leis esculpem uma quantidade incontável de formas mútuas e correspondentes. O nosso sistema circulatório se parece com as redes de drenagem, a estrutura de uma folha é semelhante aos sistemas da comunicação humana, o movimento das galáxias faz pensar nos redemoinhos da água que escorre na nossa pia. O desenvolvimento das sociedades lembra as colônias de bactérias. As escalas micro e macro revelam um sistema infinito de semelhanças. O modo como falamos, pensamos e criamos não é nada abstrato e desligado do mundo, mas é antes uma continuação, em outro nível, dos seus processos incessantes de transformação.

6.

Estou sempre me perguntando se é possível encontrar hoje alicerces para uma nova narrativa universal, absoluta, inclusiva, enraizada na natureza, cheia de contextos e, ao mesmo tempo, compreensível.

Será possível uma narrativa que transcenda as grades da comunicação do próprio "eu", desvende uma área maior da realidade e revele relações mútuas? Que seja capaz de se distanciar de um centro repisado, óbvio e banal, e olhar para assuntos marginais, distantes do centro?

Fico feliz ao saber que a literatura manteve maravilhosamente o direito a toda espécie de excentricidade, fantasmagoria, provocação, grotesco e loucura. Sonho com altos pontos de vista e amplas perspectivas, em que o contexto vá muito além do que se podia esperar. Sonho com uma linguagem capaz de exprimir qualquer intuição, por mais vaga que seja. Sonho com uma metáfora que transcenda diferenças culturais e, enfim, com um gênero que se torne amplo, transgressor e, ao mesmo tempo, amado pelos leitores.

Sonho também com um novo tipo de narrador: um narrador "em quarta pessoa" que obviamente não se reduza a um constructo gramatical, mas antes consiga abranger tanto a perspectiva de cada personagem quanto a capacidade de ultrapassar o horizonte de cada um deles — que veja mais e mais, que seja capaz de ignorar o tempo. Ah, sim, sua existência é possível.

Você já se perguntou quem é aquele maravilhoso contador de histórias que na Bíblia exclama em voz alta: "No início era o verbo"? Aquele que descreve a criação do mundo, seu primeiro dia, quando o caos foi separado da ordem? Aquele que assiste à série da criação do cosmos? Aquele que conhece os pensamentos de Deus, conhece suas dúvidas e, sem que lhe tremam as mãos, põe no papel esta frase extraordinária: "e viu Deus que era bom"? Quem é esse que sabe o que Deus viu?

Descartando todas as dúvidas teológicas, podemos considerar aquela figura de um misterioso e sensível narrador como maravilhosa e significativa. É um ponto, uma perspectiva, a partir do qual se vê tudo. Ver tudo é reconhecer o fato de que afinal as coisas existentes são mutuamente entrelaçadas em um todo, mesmo que ainda não tenhamos descoberto as relações entre elas. Ver tudo significa assumir um tipo completamente diferente de responsabilidade pelo mundo, sendo óbvio que cada gesto "aqui" é relacionado com um gesto "acolá"; que cada decisão tomada em uma parte do mundo terá efeito em outra parte dele; que a distinção entre "meu" e "seu" começa a ser questionável.

Convém, portanto, narrar honestamente, de modo a ativar na mente do leitor um sentido de totalidade, uma capacidade de integrar fragmentos em um padrão singular, de descobrir constelações inteiras em partículas de acontecimentos. Narrar, ignorando o terror causado pela passagem do tempo e pela alteridade de espaços longínquos. Contar histórias para que seja claro que todos e tudo estão imersos no mesmo imaginário comum que produzimos cuidadosamente nas nossas mentes a cada rotação do planeta.

A literatura tem esse poder. Teríamos de descartar as categorias simplificadoras de literatura alta e baixa, popular e independente, e não levar a divisão em gêneros muito a sério. Desistir da designação "literaturas nacionais", sabendo bem que o cosmos da literatura é uno, como a ideia de *unus mundus*, uma realidade psíquica comum, onde nossa experiência humana se unifica e o autor e o leitor desempenham papéis equivalentes: um através da sua criação, o outro por meio da sua constante interpretação.

Talvez devamos confiar no fragmento, já que são fragmentos que formam constelações capazes de descrever mais e de um jeito mais complexo, em vários níveis. As nossas narrativas poderiam infinitamente referenciar umas às outras, com seus personagens entrando em diversas relações. Penso que estamos perante uma redefinição daquilo que entendemos hoje por realismo e a busca por um realismo que nos permita ultrapassar as fronteiras do nosso ego e atravessar a tela de vidro pela qual vemos o mundo. De fato, a necessidade do real é hoje administrada pela mídia, redes sociais, relações diretas na internet. Talvez aquilo que inevitavelmente nos espera seja uma espécie de neossurrealismo, com pontos de vista redistribuídos de modo que não se tenha medo de lidar com o paradoxo e de remar contra a maré de uma simples ordem de causa e efeito. Ah, sim, a nossa realidade já se tornou surreal. Também tenho certeza de que muitas narrativas precisam ser reescritas em novos contextos intelectuais, inspiradas por novas teorias científicas. Parece-me da mesma forma importante, porém, uma constante evocação do mito e do imaginário humano por inteiro. Tal regresso às estruturas compactas da mitologia poderia trazer uma sensação de estabilidade no meio de toda a indefinibilidade em que vivemos. Acredito que os mitos são materiais de construção da nossa psique e não se pode ignorá-los (quando muito se pode não estar consciente da sua influência).

É provável que em breve apareça um gênio capaz de construir uma narrativa diferente, hoje ainda inimaginável, em que caiba todo o essencial. Essa maneira de narrar com certeza nos transformará, de modo que rejeitemos as perspectivas caducas e constritivas e nos abramos às novas, que, de fato, sempre existiram aqui, mas sem que soubéssemos enxergá-las.

Em *Doutor Fausto*, Thomas Mann escreveu sobre um compositor que inventou um novo tipo da música capaz de alterar o pensamento das pessoas. Mas Mann não descreveu em que consistia aquela música, fazendo com que nós apenas imaginássemos o seu som. Talvez seja precisamente este o papel dos artistas: oferecer um antegosto daquilo que poderia existir para que possa ser imaginado. E ser imaginado é a primeira etapa da existência.

7.

Produzo ficção, mas nunca é um coelho tirado da cartola. Quando escrevo, tenho de sentir tudo dentro de mim. Tenho de deixar que me atravessem todos os seres e objetos presentes no livro, todo o humano e não humano, vivente e não dotado de vida. Tenho de examinar cada coisa e cada pessoa de perto, com a maior seriedade, e personificá-las dentro de mim.

É para isso que eu preciso do sensível. A sensibilidade é uma arte de personificação, empatia, ou seja, uma busca constante por semelhanças. A narração é uma infinita vivificação, doação de existência a todas as migalhas do mundo que são as experiências humanas, situações enfrentadas, recordações. A sensibilidade personaliza tudo a que se refere, deixando que isso ganhe uma voz, ganhe um espaço e um tempo para existir e se expressar. É a ternura que faz com que um bule de chá comece a falar.

A sensibilidade é a forma mais modesta do amor. É uma espécie de amor que não aparece em escrituras nem evangelhos, ninguém jura sobre ela, ninguém a evoca. Não tem seus emblemas nem símbolos, não leva a crime nem inveja.

Ela surge quando olhamos, com atenção e foco, para dentro de um outro ser, naquilo que não é "eu".

A sensibilidade é espontânea e gratuita e vai muito além do compartilhamento empático de sentimentos. É mais um compartilhamento consciente, ainda que talvez um pouco melancólico, do destino. A sensibilidade é uma preocupação profunda com outro ser, com a sua fragilidade, singularidade, vulnerabilidade ao sofrimento e à passagem do tempo.

A sensibilidade revela laços, semelhanças e identidades entre nós. É um modo de ver que mostra o mundo como vivo, vivente, entrelaçado, cooperativo e interdependente.

A literatura é construída precisamente com base na sensibilidade em relação a cada ser diferente de nós mesmos. É o principal mecanismo psicológico do romance. Graças a essa ferramenta maravilhosa, a forma mais sofisticada da comunicação humana, a nossa experiência atravessa o tempo e chega àqueles que ainda não nasceram, mas que um dia conhecerão o que escrevemos, o que contamos sobre nós mesmos e o nosso mundo.

Não faço ideia de como será a sua vida, quem serão eles mesmos. Muitas vezes penso neles com uma sensação de culpa e vergonha.

A crise climática e política em que procuramos hoje nos posicionar e que queremos enfrentar, salvando o mundo, não surgiu do nada. Muitas vezes esquecemos que não é resultado de nenhum fado ou golpe do destino, mas de ações e decisões econômicas, sociais, ideológicas (inclusive religiosas) muito concretas. A ganância, o desrespeito à natureza, o egoísmo, a falta de imaginação, a constante concorrência, a irresponsabilidade reduziram o mundo à condição de um objeto que pode ser desmembrado, explorado e destruído.

Por isso acredito que preciso contar histórias como se o mundo fosse uma unidade viva que está se formando constantemente diante dos nossos olhos, e nós fôssemos uma parte dele, ao mesmo tempo pequena e poderosa.

Sobre o livro

De certa maneira, devo este livro à pandemia. Foi durante o lockdown que surgiu em mim a necessidade de ordenar a produção ensaística anterior, não apenas do ano passado, mas também dos anos precedentes.

Desde há algum tempo eu tenho gostado de examinar a mim mesma e a minha escrita da posição de um narrador "em quarta pessoa". Esse tipo de autorreflexão, relacionada com a psicologia, que continua a ser uma parte importante da minha vida e a primeira linguagem que utilizo na leitura do mundo, constitui o fundamento da maioria dos textos deste volume.

Ao mesmo tempo, descubro quanto prazer me proporciona a forma da palestra. Dirigir-me e falar diretamente para pessoas que me escutam me dá uma energia que não existe no caso de textos condenados a uma leitura solitária.

Para além do meu discurso proferido por ocasião do Prêmio Nobel, encontra-se aqui um ciclo de palestras de Łódź, que apresentei, a convite das professoras Krystyna Pietrych e Joanna Jabłkowska, na Faculdade de Letras da Universidade de Łódź em 2018. São os textos: "A psicologia do narrador", "A psicologia da criação literária do mundo: A gênese de *Os livros de Jacob*", "O caso de Duszejko: Personagens literários" e um texto cogitado como sua continuação, mas nunca proferido, intitulado "O País do Entre".

"Sobre o *daimonion* e outras motivações para escrever" é um texto escrito em 2014 e destinado aos participantes do curso de escrita criativa em Santa Maddalena.

Para além dos supracitados, o livro contém mais dois ensaios: "Os trabalhos de Hermes, ou como os tradutores salvam o mundo todos os dias", baseado no discurso proferido na inauguração da quarta edição dos Encontros Literários de Gdańsk *Odnalezione w tłumaczeniu* [Encontrado na tradução], realizados nos dias 11-13 de abril de 2019, e o texto "Dedo no sal, ou uma breve história das minhas leituras", proveniente do simpósio intitulado Światy Olgi Torkaczuk [Mundos de Olga Tokarczuk] na Universidade de Rzeszów em 2012.

No presente volume há também ensaios que me parecem importantes e atuais, sobretudo o texto "Ognosia", publicado originalmente no semanário *Polityka* em 30 de setembro de 2020, que faz parte do projeto *Ex-centrum* realizado pela minha fundação.

Ainda se encontram aqui: "Exercícios de alteridade", editado em 2017 na revista mensal *Znak* (n. 746-7); "Máscaras dos animais", publicado originalmente, em 2008, em *Krytyka polityczna* (n. 15) e republicado no meu livro de ensaios intitulado *Moment niedźwiedzia* [Momento do urso]; e "O cadinho extraordinário dos irmãos Quay, alquimistas londrinos do cinema", proveniente do volume *Trzynasty miesiąc: Kino braci Quay* [O décimo terceiro mês: O cinema dos irmãos Quay], organizado por Kuba Mikurda e Adriana Prodeus (Cracóvia, 2010).

O. T.

Czuły narrator © Olga Tokarczuk, 2019

Todos os direitos desta edição reservados à Todavia.

Grafia atualizada segundo o Acordo Ortográfico da Língua Portuguesa de 1990, que entrou em vigor no Brasil em 2009.

capa
Flávia Castanheira
ilustração de capa
Talita Hoffmann
composição
Jussara Fino
preparação
Leny Cordeiro
revisão
Huendel Viana
Ana Alvares

1ª reimpressão, 2023

Dados Internacionais de Catalogação na Publicação (CIP)

Tokarczuk, Olga (1962-)
Escrever é muito perigoso : ensaios e conferências / Olga Tokarczuk ; tradução Gabriel Borowski. — 1. ed. — São Paulo : Todavia, 2023.

Título original: Czuły narrator
ISBN 978-65-5692-399-4

1. Literatura polonesa. 2. Ensaio. I. Borowski, Gabriel. II. Título.

CDD 891.85

Índice para catálogo sistemático:
1. Literatura polonesa : Ensaio 891.85

Bruna Heller — Bibliotecária — CRB 10/2348

todavia
Rua Luís Anhaia, 44
05433.020 São Paulo SP
T. 55 11. 3094 0500
www.todavialivros.com.br

fonte
Register*
papel
Pólen natural 80 g/m²
impressão
Geográfica